KB242655
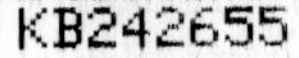

어른의 인생 습관

정신과 의사에게 배우는 '내려놓기 기술' 100가지

어른의 인생 습관

와다 히데키 지음 | 홍성민 옮김

레몬한스푼

어른의 인생 습관

1판 1쇄 2026년 3월 31일

글쓴이 와다 히데키
옮긴이 홍성민

편집 이진숙   디자인 레이첼   마케팅 용상철
인쇄·제작 도담프린팅   종이 아이피피(IPP)

펴낸이 유경희   펴낸곳 레몬한스푼
출판등록 2021년 4월 23일 제2022-000004호
주소 35353 대전광역시 서구 도안동로 234, 316동 203호
전화 042-542-6567   팩스 042-718-7989   이메일 bababooks1@naver.com
인스타그램 bababooks2020.official
ISBN 979-11-7511-009-0   03190

* 잘못된 책은 구입하신 곳에서 바꾸어 드립니다.

레몬한스푼은 도서출판 바바의 출판 브랜드입니다.

마음의 무게를 내려놓는 순간
삶은 가벼워집니다

의무감에서 벗어나 풍요롭게 살기

힘들어도 계속해온 인간관계와 일, 돈 걱정, 장래에 대한 불안, 자기만의 고민……. 그럭저럭 반세기를 사는 동안 당신은 여러 의무감에 사로잡혀 있었다.

백세시대인 지금, 남은 시간 동안만은 그런 의무감에서 벗어나 홀가분하게 살아보자.

인생의 반환점을 바라보는 나이니 이제부터라도 '무리하지 않는 삶'을 살자. 싫어도 참고 성실하게 일하며 고생했으니까 지금부터는 '자유롭게', '하고 싶은 대로' 하면서 살면 된다.

나는 시니어 전문 정신의학과 의사로 35년간 의료 현장에서 6천 명 이상의 환자를 상담하고 치료했다. 그동안 보고 겪은 사례를 종합해보면, 무엇에도 얽매이지 않고 홀가분하게 사는 사람은 60세가 넘어도 활기찬 모습이었다. 무리하지도 않고 참지도 않는다. 이것이 인생 후반을 즐기는 비결이다.

이 책에서는 인생 후반을 자기답게 살 수 있도록, 몸과 마음을 홀가분하게 하기 위해서 '그만두어야 할 것', 그리고 활기찬 생활을 위해 '계속해야 할 것'을 제안한다. 타인과의 교제, 돈이나 시간의 사용법을 돌아보고, 사고방식을 정리해 새로운 시작을 위한 힌트를 얻기 바란다.

당신이 제2의 인생을 홀가분하게 살아갈 수 있기를, 마지막까지 풍요로운 마음으로 보내기를 진심으로 바란다.

차례

2장

현재 생활 점검과 노후 대비를 위해

돈과 경력에 대해 정리한다

3장

하루하루 소중히 보낼 수 있도록
시간과 습관을 정리한다

4장

인생 후반을 홀가분하게 살기 위해
인간관계를 정리한다

5장

조금이라도 걱정을 줄이려면
노후와 장래에 대해 정리한다

6장

몸도 마음도 튼튼하도록
건강과 미용에 대해 정리한다

지금보다 살기 쉽도록

사고방식과 가치관을 정리한다

자신의 사고방식과 경험에 얽매여

때로는 살기 힘들다고 느낀 적은 없는가?

이제부터 시작되는 새로운 인생에서는

좋아하는 것만 하면서 홀가분하게 살 수 있도록

사고방식과 가치관을 돌아보자.

싫은 일이나 귀찮은 일,
서툰 일은 하지 않는다

나는 사람에게 신경 쓰는 것이 싫다. 그래서 그런 교제는 하지 않는다. 당신도 이제 슬슬 싫은 것은 하지 말자. 귀찮고 서툰 것도 할 필요가 없다. 지금부터는 좋아하는 것만 하고 살아도 된다.

많은 사람들이 나이를 먹고 나서 남은 시간에 인생을 즐기려고 한다. 그런데도 자신이 하고 싶지 않은 것을 하고 나서 '좋아하는 것을 더 했으면 좋았을 텐데' 하고 후회한다. 그런 사람들은 분명 지금까지 싫은 일이나 귀찮은 일을 떠맡아왔고, 서툴러도 억지로 계속했을 것이다. 그러니 정년

이 되어 책임으로부터 해방되고 자녀가 독립했으면, 이제 자유롭게 살아도 된다. 지금까지 참으면서 살았으니 그래도 좋다. 자신이 즐길 수 있는 세계에서 취미와 일상을 만끽하자.

하고 싶지 않은 일을 계속해왔다면, '그것과 반대인 것'을 해보자. 지금까지 하지 않았던, 좋아하는 일이나 잘하는 일을 하면 뇌 전체가 활성화해서 뇌의 노화를 늦출 수 있다. 나는 뭐든지 '반(半)은 노는 기분'으로 하면 된다고 생각한다. 그렇게 하면 도중에 그만둬도 되고, 책임을 느낄 필요 없이 편하게 할 수 있다. 지금까지는 느낀 적 없는 그런 '마음 편함'도 즐겨보자. 나이 든다는 것은 자유로워지는 것이니까.

인생이 힘든 것이 아니라 당신이 인생을 힘들게 만드는 것이다. —알프레트 아들러(정신과 의사)
자기 생각에 맞지 않은 것은 하지 말자.

물건을 버리려고
무리할 필요는 없다

최근에는 생활 전체에서 미니멀리즘을 추구하는 사람이 많다. 그러나 나는 무리하면서까지 물건을 버릴 필요는 없다고 생각한다. 좋아서 구입한 것은 버리기도 쉽지 않은 데다, 물건을 많이 갖고 있어야 안심하는 사람도 있기 때문이다. 설령 집 안이 물건으로 넘쳐나더라도 마음이 편하면 그만이다.

단, 물건이 너무 많아 어디에 무엇이 있는지 모를 정도라면 정리 방법을 고민해야 한다. 예를 들어 다음과 같이 정리하면 물건을 버리지 않아도 잘 수납할 수 있다.

- 일단 수납한 물건들을 꺼내 사용 빈도와 애착도를 기준으로 구분한다.
- 자주 사용하는 것은 꺼내기 쉬운 곳에 두고, 거의 사용하지 않는 것은 더 안쪽에 보관하거나 다른 수납 장소로 옮긴다.
- 애착이 가는 장식용 소품들은 따로 보관해서 계절이나 기분에 따라 바꿔가며 집 안을 꾸민다.

이제는 필요 없거나 더 이상 사용하지 않는 것은 정리하자. 단, 버린 후에 후회할 수도 있으니 일시적인 기분으로 버려선 안 된다.

버릴 수 없는 물건이거나 물건을 아예 버리고 싶지 않은 경우, 혹은 애착이 가는 물건의 경우에는 그것들을 적절히 사용하면서 오랫동안 활용하면 된다. 마음에 드는 물건들이 있는 공간에서 생활하면 마음도 풍요로워진다.

> 사물에는 영혼이 깃들어 있다. ―에드워드 타일러(학자)
> 예전부터 일본에서는 만물에 신이 깃들어 있다고 믿어왔다. 모든 물건을 소중히 여기고, 사용할 수 있는 것은 적절히 활용하자.

나이 들었다는 생각은
하지 않는다

나이가 드니 예전에는 힘들이지 않고 했던 것들을 할 수 없게 되고 쉽게 지쳐버려서, 그때마다 이젠 늙었다고 생각한 적 없는가? 나이 때문에 할 수 없다고 포기한 채 아무것도 하지 않으면, 뇌 기능은 점점 더 약해진다. 그러면 의욕도 생기지 않고 흥미도 일지 않아서 따분한 인생을 살 수밖에 없다.

최근에는 정년 후에도 일하거나 60세부터 활동적으로 움직이는 사람이 늘고 있다. 1975년 36세의 나이에 여성 최초로 에베레스트 등정에 성공한 등산가 다베이 준코는 60세가 되기 한 달 전부터 7천 미터 봉우리 등정에 도전했고, 60세에 대학원 석사 과정을 수료했다. 그런 사람과 같은 세대이니 늙었다고 스스로 주술을 걸지는 말자.

매년 기대수명이 높아지는 반면, 정신연령은 70년 전보다 20세 정도 젊어졌다고 한다. 즉, 지금 60대는 옛날 40대의 감각을 가지고 있다는 의미다. 예를 들어 자신이 40대 때 하고 싶었던 일을 떠올려보자. 자기 시간을 만들 수 있는 60대는 한창 일할 40대 때 할 수 없었던 것들을 해볼 기회다.

프로그래머인 와카미야 마사코 씨는 정년 후에 컴퓨터를 시작했고, 80세에 프로그래밍에도 도전하여 스마트폰용 게임 앱을 개발해 단숨에 유명해졌다. 위업을 이룰 수는 없더라도 나이 때문에 할 수 없다고 포기하지 말고 새로운 것에 도전해보자. 당신은 아직 젊다.

인생은 8부 능선부터가 즐겁다. ─다베이 준코(등산가)
등산가 다베이 준코는 인생의 8부 능선을 '60세'라고 말했다. 앞으로의 인생이 기대된다.

무조건 참는 건 그만둔다

먹고 싶은 것을 참고, 상대하기 껄끄러운 사람도 참고 어울리며, 귀찮아도 참고 정리하는 등 뭐든지 참는 사람이 많다. 몸에 나쁘니까 참는다, 미움 받기 싫어서 참는다, 집은 깨끗해야 하니까 참는다……. 그렇게 일부러 참아야 할 이유를 만들지 않나? 그것들은 전부 단순한 편견이다.

건강을 위해 참거나, 싫은데도 참으면서 어울리면 스트레스로 면역기능이 떨어져 병에 걸리기 쉽다. 또, 참는 것 때문에 전두엽의 기능이 저하해 자발성과 의욕이 감퇴하고, 감정 노화가 빨라진다. 몸과 마음, 뇌에 있어서 참는 것으로 얻어지는 것은 없다. 반면에 참지 않는 사람은 불필요한 스트레스를 느끼지 않아서 장수한다.

무조건 참기만 하면 자신이 싫은데도 참는다는 것을 깨닫지 못한다. 그래서 미처 알아채지 못하는 사이에 몸과 마음에 독이 퍼진다. 힘들 만큼 참고 있다면, 입 밖에 내는 것을 참지 말고 누구에게라도 이제는 한계라고 말해보자.

싫은 것은 하지 않고, 싫은 사람과는 어울리지 않는다. 호불호로 판단해도 되는 것이 60부터의 인생이다. 싫은 것을 참으면서 할 필요는 없다. 남은 인생은 좋아하는 것만 하면서 살자.

무리하지 마라. 솔직해져라. ─다네다 산토카(시인)
참지 말고, 앞으로는 마음 가는 대로 살자.

남의 시선을 신경 쓰지 않는다

다른 사람의 눈에 자신이 어떻게 비칠지 신경 쓰인다, 주변 사람들이 차가운 눈으로 볼까 무섭다 등 세상의 시선을 의식하는 사람이 많다. 대체 '세상의 눈'이란 누구의 것일까? 그것은 특정인이 아니라 집단적인 '감시의 눈'이라고 할 수 있다. 남과 다른 것을 해서 '모두와 똑같은' 틀에서 벗어난 게 아닐까 걱정하는 것이다. 그런 엄격한 눈으로 누군가 지켜보고 있다고 생각하면 자신의 주장을 드러내지 않는 '착한' 사람으로 살려고 할지도 모른다.

그런데 솔직히 나는 그런 식의 착한 사람과 대화하면 좀 따분하다. "지난번에 먹은 라면 맛있었어" 하면 "다행이네"라고 하거나, "그 사람이 한 말은 틀린 것 같아"라고 하면 "그렇구나" 하는 식으로 끝나버리기 때문이다. 그보다는 "나는……" 하고 자기 생각을 말해주면 좋겠다. 착한 사람은 남에게 맞추려고 할 뿐 자신의 의견이 없는 것처럼 보인다. 자신의 좋고 싫음을 명확히 하지 않는 것도 세상으로부터 받은 무언의 압력 때문일 것이다.

또, 다른 사람의 눈과 평가를 의식하는 사람은 자신 이외의 사람에게도 '세상의 눈'을 강요하려고 한다. 당신도 그런 태도로 사람을 대하지 않는가?

60세가 되면 세상의 시선 따위에는 신경 쓰지 말자. 그렇게 하면 자신에게 솔직해질 수 있다. 하고 싶은 말을 할 수 있어서 대화하는 것도 편해진다.

> 세상 사람이 뭐라고 하든 우리가 하는 일은 우리만 안다.
> ―사카모토 료마(정치가)
> 자신이 하고 싶은 일을 다른 사람에게 인정받을 필요는 없다.

화를 쌓아두지 않는다

60세가 넘으면 감정 제어가 어려워진다. 그래서 자주 화를 내는데, 사고와 감정을 관장하는 뇌의 전두엽이 위축하기 때문이다. 나이 들면서 갑자기 화가 많아지는 '폭발하는 노인', '폭주 노인'이 늘어나는 것도 그런 이유다. 우리 뇌에서 가장 빨리 노화가 시작되는 곳이 전두엽이다. 전두엽 기능이 떨어지면 의욕과 감정을 제어하는 능력도 약해진다.

또, '감정'을 갖는 것과 '감정적'이 되는 것은 다르다. 화라는 감정이 생기는 것은 자연스러운 현상이지만, 감정적이 되면 그 화를 타인에게 터뜨려 행동이나 말로 상처를 준다.

감정적이 될 때는 감정에 휘둘리는 상태라서 판단이 흐려져 사람을 때리거나 폭언을 내뱉기도 한다.

화라는 감정에 휘둘리지 않으려면 '조금씩' 화를 분출하는 것이 좋다. 조금씩 분출하는 요령이 있다. 화나는 것 같은 느낌이라면 3초 동안만 화를 내는 것이다. 화라는 감정을 모조리 쏟아버리는 것이 아니라 조금만 불평하거나 빈정거린다. 그럴 때는 화난 얼굴이나 불쾌한 태도를 취하지 않도록 하자.

또, 화를 글로 쓰는 것도 좋은 방법이다. 글로 쓰면, 일단 냉정해져서 자신의 감정을 분석할 수 있다. 화를 조금씩 내면 갑자기 폭발할 위험도 없다. 화는 누구나 갖는 감정이다. 억누르거나 없애려 하지 말고 적절히 화를 발산하자.

> 성난 기색과 성난 소리를 내는 것은 당신의 덕망을 잃게 한다. ─고다이 도모아쓰(실업가)
>
> 화나는 대로 감정을 터뜨리거나 소리를 지르면 덕망을 잃는다.

필요할 때는 남과 비교해본다

정년퇴직으로 인간관계가 바뀌고, 60세가 되어 정신적으로 안정되었어도 타인과 자신을 비교하지 않고 살기는 쉽지 않다. 오랫동안 경쟁 사회에서 비교하면서 성장하기도 했기 때문에 자연히 비교할 수밖에 없다. 자기 힘으로 어쩔 수 없는 부분은 긍정적으로 받아들이자.

사람은 열등감과 질투심을 느끼는 존재이므로 누구나 마음 한구석에서 남과 자신을 비교한다. 그렇다면 '비교하는 방법'을 바꿔보는 것도 하나의 방법이 될 수 있다. 예를 들어 A 씨는 외모가 화려해 눈에 띄는데 자신은 수수해서 눈에 띄지 않는다고 비교하지 말고, 'A 씨는 무얼 하든 주목받는 사람'이지만 '나는 반감을 사지 않는 사람'이라 생각해보자.

눈에 띄어 이익을 볼 때도 있지만 손해를 보기도 한다. 마찬가지로, 눈에 안 띈다고 손해만 보는 것은 아니다. 부정적인 사고에 빠져 자신감을 잃기보다 자신을 우위에 두고 비교하는 것도 나쁘지 않다. 마음속으로 우위에 있다고 남을 깔보는 것은 아니다. 우위에 서려고 하면 경쟁의식이 발동하며, 열등감과 질투심은 자신을 발전시키는 원동력이 된다.

또, 자신이 단점이라 생각하는 부분이 다른 사람이 봤을 때는 장점이 되기도 한다. 도저히 자신을 인정할 수 없으면, 허물없이 지내는 친구나 가족에게 '객관적인 분석'을 받아도 좋다. 남과 비교해도 자신의 좋은 면을 볼 수 있으면 살기 편해진다.

육십이이이순(六十而耳順) —공자, 『논어』 중에서
'육십에는 귀가 순해진다'는 뜻이다. 공자는 인생을 회고하면서, 예순 살이 되고 나니 남의 의견에 반발심을 느끼지 않고 순순히 들을 수 있게 되었다고 말했다. 이를 위해서는 '객관적 분석'이 도움이 된다.

자신의 가치관을 재확인한다

나라나 지역의 문화적 가치관은 잘 변하지 않지만, 나이 들거나 결혼, 출산, 정년 등 삶의 무대가 바뀌면 개인의 가치관은 변한다. 예를 들어 '젊을 때는 친구와 노는 것이 재미있었는데, 나이 드니 혼자 취미에 몰두하는 것이 즐겁다' 같은 식으로 가치관은 크게든 작게든 변한다. 물론 변하지 않는 부분도 있다.

지금 자신의 가치관을 확인해보면, 정년 후에 무얼 해야 좋을지 고민하며 방황하지는 않을 것이다. 무엇을 중시하며 살아갈지 생각해두자.

독일의 심리학자 에두아르트 슈프랑어는 생의 가치관을 기준으로 인간의 유형을 6가지로 분류했다.

- 권력 지향형: 권력과 지배를 추구하고, 영향력을 중시한다.
- 경제 지향형: 실리적이며, 경제적인 이익을 중시한다.
- 사회 지향형: 타인에 대한 봉사와 사랑을 중시한다.
- 이론 지향형: 진리를 탐구하고, 이론적인 탐구심을 갖는다.
- 심미(예술) 지향형: 미(美)를 중시하고, 예술과 감각적인 경험을 추구한다.
- 종교 지향형: 종교적·정신적 가치를 중시하고, 신비적인 경험을 추구한다.

자신의 유형을 알면, 앞으로의 인생에서 추구해야 할 것이 보이지 않을까. 지금 가치관을 기준으로 무엇을 할지 정해서 노후를 충실한 시간으로 만들자.

자신을 아는 자는 현명한 사람이다. —제프리 초서(시인)
자기 자신에 대해 아는 것은 백세시대를 현명하게 살기 위해 필요하다.

할 수 없는 것은 포기한다

어릴 때부터 '포기하지 않는 것'이 중요하다고 배웠고, 그 대로 실천해왔을 것이다. 하지만 60세가 되면, 마음먹으면 뭐든지 할 수 있는 기력이나 될 때까지 계속할 만큼의 체력이 없다. 도저히 안 될 것 같아서 해보지도 않은 채 포기하는 것은 안타깝지만, 실제로 할 수 없는 것을 포기하는 것은 잘못이 아니다. 포기는 현실을 마주하는 것이고, 있는 그대로의 자신을 받아들이는 것이다.

일본어로 '포기하다'는 '아키라메루(諦める)'인데, 이와 발음이 같지만 의미는 다른 '아키라메루(明らめる)'가 있다. 여

기에는 '사정이나 이유를 분명히 하다'와 '기분을 밝게 하다'라는 두 가지 뜻이 있다. 똑같은 '아키라메루'지만 후자의 의미로 받아들인다면 긍정적으로 생각할 수 있을 것이다.

또, '포기하다'는 영어로 '기브 업(give up)'인데, 일본인은 하던 것을 도중에 그만두었을 때 이 말을 쓴다. 반면에 서양인은 자신에게 매우 어려운 것을 그만두었을 때나, 안 하는 게 더 좋은 습관을 그만두었을 때 사용한다. 그만두는 게 당연한 것을 그만두었을 뿐이라는 느낌으로, 긍정적인 표현이다. 그렇게 생각하면, 포기는 긍정적인 행위다.

할 수 없는 것은 일찌감치 깨끗이 포기하자. 그렇게 하면, 할 수 없다고 고민하며 멈춰 서지 않고 한 걸음 앞으로 나갈 수 있다.

> 포기는 마음을 키운다.
> 무엇이든 때로는 포기가 필요하다. 포기함으로써 고민하거나 침울해하는 시간이 사라져서 마음의 건강을 유지할 수 있다.

지나치게 바라지 않는다

젊을 때는 많은 것에 기대를 품고, 뭐든 탐내며, 자신에게나 남에게 바라는 것도 많았을 것이다. 하지만 60년 인생을 살아보면 기대해봤자 소용이 없고, 바라도 얻을 수 없다는 것을 차츰 깨닫게 된다. 그런데도 사람은 뭔가를 바라지 않을 수 없는 존재라서 상처 입고 괴로워한다.

예전에 "바라지 않는다"라는 문장으로 시작하는 시집이 베스트셀러가 된 적이 있다. 시인 가지마 쇼조의 『바라지 않는다(求めない)』이다. "바라지 않는다/ 그러면 마음이 넓어진다", "바라지 않는다/ 그러면 공포감이 사라진다"처럼,

바라지 않음으로써 무언가 달라진다는 것을 가르쳐준 시집이다. 중요한 것은, 인간이 '바라는 존재'라는 것이다. 가지마 씨가 바라는 것 자체를 부정한 것은 아니다. 다만, 우리가 지나치게 바라고 있음을 의미했다.

사람은 무엇을 바랄까. 그것은 자신에게 부족한 것, 누군가가 해주었으면 하는 것일 수도 있다. '저 사람처럼 되고 싶다', '이렇게 살고 싶다' 같은 것이다. 돈, 시간, 대가, 안정, 안심 등 여러 가지다. 그것들을 바라지 않는다고 생각하는 것만으로도 마음이 달라진다.

마음속으로 '바라지 않는다, 그러면' 하면 어떤 심경이 될지 상상해보자. 바라지 않는 것이 속 편하다는 것을 깨달을 것이다. 물론 바라는 것만으로 에너지가 솟고, 바라기 때문에 실현할 수 있는 경우도 있다. 바라는 마음은 긍정적으로 작용해야 삶에 도움이 된다.

안분지족(安分知足)
불교 선종의 가르침으로, '편안한 마음으로 자기 분수를 지키며 만족한다'는 뜻이다. 지금 이대로 충분함을 깨닫고 매사에 감사하자.

느슨한 삶을 즐긴다

당신은 지금까지 필사적으로 일해왔고, 열심히 집안일을 해왔으며, 최선을 다해 자녀를 키웠을 것이다. 자기 역할을 다하며 성실하게 살았으니 60대부터는 느슨하게 살기를 권한다. 느슨한 삶은 '엉성하게', '적당히' 살아도 된다는 의미다. 엉성하게는 '헐렁하게', 적당히는 '필요에 맞게'라는 의미다.

예를 들어 인간관계를 느슨하게 생각해보자. 참석하고 싶지 않은 모임은 거절한다. 참석했는데 따분하다면 중간에 나온다. 싫은 사람과는 적당히 안녕 하고, 좋아하는 사람하고만 지낸다. 거북한 사람과는 적당히 거리를 둔다. 그렇게 자기 형편에 맞게 하면 된다.

성실한 사람은 스스로에게 엄격하고 융통성도 없어서 느슨하게 살라는 말을 들으면 당황할지도 모른다. 우선 자신을 통제하는 그 엄격함부터 풀어버리자. 매사애 완벽하지 않아도 "이 정도면 됐어", "어쩔 수 없어" 하고 말해보자. 속마음은 그렇지 않아도 일단 말해보는 것이다. 왜냐하면 말이 뇌를 변화시키기 때문이다. 그 말에 뇌가 속아서 '그래, 됐어' 하고 생각하게 된다.

성실함은 중요하지만, 지나치면 마음에 병이 생길 수 있다. 때로는 어깨의 힘을 빼고 적당히 지내자. 느슨하게 살면 몸도 마음도 편하다.

내일 할 일을 오늘 하지 말라. —튀르키예 속담
성실한 사람이라면 이런 느낌으로 조금 느슨하게 살아보면 어떨까.

12

하루에 한 번이라도 감동해본다

최근 당신은 무엇에 감동했는가? 만약 떠오르는 것이 없다면 '감정의 노화'가 빨라지고 있는 것일지도 모른다. 감정의 노화는 전두엽이 위축되기 시작하는 40대부터 진행되는데, 의욕 감퇴나 집중력 저하를 일으키는 원인 중 하나다.

나이 들면서 감동하는 일이 적어졌다면, 우선 하루에 한 번이라도 감동과 놀람이 있는 체험을 의식적으로 해보자. 매일 바쁘게 일하는 사람이라면 평소에는 읽지 않는 시집을 읽는다거나, 베란다에 나가 바깥의 소리에 귀 기울이며 마음을 고요한 상태로 만들어보자. 그러면 시 한 구절이 마음에 스며들거나 새의 지저귐에 마음이 평온해질 것이다.

소름이 돋을 만큼 커다란 감동이 아니라 가슴 찡하고 마음이 따뜻해지는 작은 깨달음이나 체험으로도 족하다. 하루하루 마음이 자극을 받으면 뇌가 활성화되어 감수성이 높아질 것이다. 그러면 마음이 움직여 감동하는 일이 늘어나는 선순환이 만들어진다.

또, 새로운 것을 시작해보면 감동과 놀람을 느낄 수 있다. 드라마나 영화를 본다거나, 덕질을 해서 두근거림과 설렘을 되찾자. 감동하는 것만으로도 뇌와 마음을 성장시킬 수 있다. 나이 들어도 새로운 것에 도전하고 감동할 수 있는 유연한 마음을 갖자.

하루에 열 번 감동한다. —가토 시즈에(정치가)
이것이 가토 시즈에의 장수 비결이라고 한다. 매일 많이 감동할 수 있다면 언제까지나 젊은 기분으로 지낼 수 있겠다.

13

밝은 표정을 유지한다

나이 들면 노화로 주름이 늘고, 전두엽의 기능 저하로 감정 표현이 부족해져 얼굴 근육이 굳어진다. 그러면 무표정한 얼굴이 되어 자신의 감정을 상대에게 전달하기 어렵고 좋은 인상을 줄 수도 없다.

지인 중에 표정이 풍부한 사람을 떠올려보자. 늘 웃는 모습이라서 밝고 즐거워 보이지 않는가? 웃는 모습이면 커뮤니케이션을 할 때 다음과 같은 효과를 기대할 수 있다.

• 발랄한 인상이라면 → 상대에게 호감을 줄 수 있다.

- 상대의 말에 귀 기울이는 것처럼 보인다면 → 경청하고 있다는 것이 상대에게 전해진다.
- 자신의 마음을 열어두었다는 표시를 보여준다면 → 상대와 신뢰 관계를 쌓기 쉽다.
- 마음의 여유를 가진다면 → 상대를 배려할 수 있다.

언제나 웃는 사람은 주변인의 기분을 밝게 한다. 이것은 과학적으로 증명된 사실이다. 그래서 표정이 풍부한 사람은 주변의 신뢰를 얻거나 사회적으로 성공하기 쉽다.

심리학 이론 중에는 표정이 감정에 직접적으로 영향을 준다는 '안면 피드백 가설'도 있다. 표정 하나로 기분이 밝아지거나 어두워진다. 웃는 것이 어려우면 가볍게 미소 짓거나 웃는 척해도 된다. 표정을 풍부하게 하려면 표정근을 단련하면 된다. 밝은 표정으로 지내면 사고방식도 자연스럽게 긍정적으로 변해서 뭐든 좋은 방향으로 나갈 것이다.

> 미소를 지으면 친구가 생기고 얼굴을 찌푸리면 주름이 생긴다. ─ 조지 엘리엇(소설가)
>
> 언제나 웃을 수 있도록 밝은 마음을 갖자.

14

자책하지 않는다

쉽게 자책하는 사람은 직장이나 집에서, 사람에 따라서는 육아나 교육에서도 자신의 행동을 부정적으로 생각해왔을 것이다. 인생의 전환점에서도 지금까지의 삶을 부정하며 괴로워할지 모른다. 그러나 이미 오랜 시간 자책했으니 그것으로 충분하다. 인생의 후반은 자책이 아니라 자신에게 너그러워지자.

무엇에 대해서든 자신이 잘못했다거나 무능하다고 생각하는 사람은 자신에 대한 엄격함이나 죄책감, 또는 자기부정에 사로잡혀 고통스러울 것이다. 만약 그런 사람이라면,

다음의 방법을 시도해보면 마음이 가벼워질 수 있다.

- 자책하거나 부정적인 기분이 들면 '하지만'이라는 말로 자신을 지킨다

'나는 최악이야' 같은 생각이 들 때 '하지만 좋은 점도 있지' 하고 사고를 전환하면, 우울감에서 벗어날 수 있다.

- 자신에게 상냥하게 말한다

'잘했어', '그걸로 됐어' 하고 자신을 칭찬하고 인정해주자.

- 작은 성공 체험에도 기뻐한다

사소한 것이라도 뭔가 이뤄냈을 때는 '잘했어', '대단해' 하고 자신을 칭찬하고 성공을 기뻐하면 자신감이 생긴다. 이렇게 자기 긍정감을 높이면 자책이나 부정을 하지 않게 된다. 결국 인생을 홀가분하게 살 수 있다.

마음에 태양을 가져라. -카사르 플라이슐렌(시인)
마음속에 태양과 같은 뜨거움을 갖고 자신을 격려하며 위로하자.

15

생활을 즐기는 지혜를 갖는다

정년을 맞고 나서나 자녀가 독립한 후에 자기 생활을 즐기려면 지혜와 노력이 필요하다. 매일 즐겁게 보내기 위한 최고의 지혜는 뭐든 '재미있게' 해보는 것이다. 예를 들어 집안일을 재미있게 하기 위해 게임하듯이 정해진 시간 안에 목적을 완료하는 '타임 어택'을 해보면 어떨까?

좋아하는 음악을 틀어둔 채, 첫 번째 곡이 흐를 때는 설거지를 하고 두 번째 곡에서는 창문을 닦는 등, 한 곡이 끝나기 전에 한 가지 집안일을 완료하는 식이다. 시간제한이 있으면 '마감효과'로 집중력이 높아져 작업 효율이 오른다.

또, 음악을 들으면서 하면 집안일이 왠지 즐겁게 느껴진다.

생활에 재미를 느끼고 즐기면서 하려면 옛날부터 전해지는 지혜를 활용해도 좋다. '할머니의 지혜'처럼 생활이나 건강과 관련된 지혜다. 시금치를 삶은 물로 옷의 얼룩을 제거하고, 샤워 헤드의 구멍이 막혔을 때는 식초에 담가 해결한다. 꽃병에 동전을 넣으면 꽃이 오래 간다거나, 기침에는 무즙에 꿀을 더해 먹는 등 예부터 전해지는 지혜는 오히려 신선하게 느껴진다. 모든 것이 편리한 세상이라서 더욱 새로운 발견과 놀람이 있고, 때로 감동하기도 할 것이다.

매일의 생활을 즐기는 지혜는 새로운 시점을 갖는 것이고, 뇌를 사용하는 것이기도 하다. 자신에게 맞는 지혜를 찾아 현대식으로 바꿔서 기분 좋게 지낼 수 있도록 시도해보자. 당신의 지혜도 언젠가 '할머니의 지혜'에 포함될지 모른다.

> 지혜는 만대(萬代)의 보물이다.
> 뛰어난 지혜는 그 사람만의 것이 아니라 후세에까지 도움이 되는 보물이다. 당신의 생활을 즐겁게 하는 지혜를 가족이나 친구와 공유해보자.

'자기 자신'인 것에 기뻐한다

정년퇴직했거나 자녀가 성장해 독립하고 나면, '아무것도 아닌 자신'이 된다. 회사의 구성원이었던 자신, 부모였던 자신의 존재가치가 사라졌다고 서글퍼하지 말고, 직장과 가정에서의 역할로부터 해방된 것을 기뻐하자. 앞으로는 당신이 '하고 싶은 대로' 하면 된다.

세계 132개국 사람을 대상으로 인생의 행복도와 나이와의 관계를 조사한 연구에 따르면, 중년 이후는 나이 들수록 행복해진다고 한다. 연령별 행복도는 U자형 곡선을 그리는데, 행복도가 최고치에 달하는 것은 82세 이상이었다. 행복도가 가장 낮은 시점은 47~48세로, 그 이후는 다시 올라간다. 즉, 직장과 가정에서의 역할을 더 이상 갖지 않는 60대는 역할을 가졌던 때보다 행복도가 높아지는 것이다.

나이 들면 저절로 행복을 느낄 수 있게 되는데도, 회사나 가정에서의 역할이 없어지면 많은 사람이 '이제 나는 아무것도 아니야' 하고 불안해한다. 사실 사람은 누구나 아무것도 아니다. 그럼에도 사회나 타인에게 필요한 사람이 되어야 한다고 생각하면 '아무것도 아닌' 지금의 자신에게 초조함을 느낄 수 있다.

앞으로 사회나 가정, 새로 속할 커뮤니티에서 자신의 역할을 갖지 못해도 자유로운 몸이 될 수 있으니 오히려 좋지 않을까. 앞으로는 하고 싶은 대로 하며 살 수 있다고 생각하면 홀가분하고 행복할 것이다.

> **본래무일물(本來無一物)**
> '만물은 본래 공(空)이니 집착할 것이 없다'는 뜻으로, 불교 선종의 가르침이다. 인간은 원래 아무것도 갖지 않으니까 아무것도 아닌 것이 당연하다.

현재 생활 점검과 노후 대비를 위해

돈과 경력에 대해 정리한다

노후 생활을 불안해하는 것은 돈에 대한 걱정 때문이다.

경제 사정을 정확히 파악하면

'불안의 씨앗'이 싹을 틔우지 못한다.

또, 지금 하는 일과 경력을 재고해서

지금부터는 무리하지 않고

제2의 인생을 시작할 수 있게 하자.

17

참으면서 절약하지 않는다

'절약이 미덕'이라지만, 사람에 따라서는 '쓸데없는 절약'을 하는 경우도 있다. 절약 생활에 스트레스를 느낀다면 평소의 절약 방법을 확인해보자.

전기 절약은 많은 사람이 실천할 텐데, 방법을 잘못 알고 있을 가능성도 있다. 예를 들어 에어컨 풍량을 '약'으로 하면 실내가 서늘해질 때까지 시간이 오래 걸려 소비전력량이 늘어난다. 또, 자주 켰다 껐다를 반복하는 것도 옳은 방법이 아니다. 전기요금을 아끼려고 냉방을 하지 않는 사람도 있는데, 나이 들면 체온조절 기능이 떨어지므로 건강을 위해 적당한 냉방이 필요하다.

식비를 절약하는 사람은 식생활에 변화가 없다. 늘 똑같은 것만 먹으면, 영양소를 골고루 섭취할 수 없고 식단에 변화가 없어서 마음도 영양부족 상태가 되어버린다. 직접 밥을 지어 먹는 것을 노동이라 치고 그것을 시급으로 환산하면, 오히려 도시락을 사 먹는 것이 의외로 식비를 아낄 수도 있다. 착실하게 절약하는 것은 나쁘지 않지만 이익이라며 왕창 사버리거나, 일부러 에너지 소비효율이 높은 가전제품으로 교체하는 등 쓸데없는 지출은 하지 않는 것이 효과적이다.

또, 절약한다고 취미 활동이나 사람과의 교제를 줄이면 생활에 변화가 없다. 소비로 경제가 돌기 때문에 돈을 쓰는 것은 '사회참여'라고 할 수 있다. 인생을 풍요롭게 하기 위해서도 현명하게 돈을 쓰면서 사회와 교류하자.

18

싸다고 해서 무조건 사지 않는다

값이 싸거나 사두면 이익이라는 생각이 들면, 당장 쓸 물건이 아니어도 종종 사게 된다. 그 가격만큼의 품질일 걸 알면서도 '싸니까 괜찮아' 하고 속 편하게 생각해서 쌀 때 사서 쟁여두거나, '오늘만 할인', '○○개 한정' 같은 선전 문구에 휘둘려 사기도 한다. 싸다고 무조건 사버리는 행동은 이제 그만하자.

'싸니까', '이익이니까' 같은 이유로 구입하면, 결국 사용하지 않거나 소중히 다루지 않아서 '쓸데없는 걸 늘렸네'라고 생각하게 되어 우울해진다. 구입하면 끝까지 사용하는 것이 물건을 살 때의 첫 번째 철칙이다. '지금 사지 않으면 손해'다 싶으면, 일단 매장이나 인터넷 쇼핑몰 화면에서 벗어나 그 물건이 시야에서 사라지게 하자. 그리고 진짜 필요한 건지 냉정하게 생각해보자.

또, 이익이라고 생각해서 샀는데 사실은 손해인 경우도 있다. 예를 들어 1개에 3천 원인 상품이 2개에 5천 원이면 이익이라고 생각해 2개를 산다면, 본래 필요 없는 것까지 사는 셈이다. 사실은 1개로 충분해서 3천 원 지출로 끝날 것을 5천 원이나 지출했으니 이익도 절약도 아닌 것이다. 그래서 '쓰지 않는 것은 사지 않는다'가 물건을 구입할 때의 두 번째 철칙이다. 값이 싸거나 이익이라고 생각해 사는 것은 절약이 아니라 낭비인 경우가 많다. 절약하고 싶으면 지금 자신에게 가치 있는 것, 앞으로 필요한 것만 구입하자.

싼 게 비지떡.
싼 물건을 사면 오히려 손해라는 뜻이다. 싼 물건을 사는 것은 돈도 잃고, 물건에 대한 가치도 잃는다.

19

포인트를 적립하거나
활용하지 않는다

물건을 살 때 포인트를 적립하거나 적립 포인트를 활용하는 경우가 있다. 이익이라거나 절약이라는 생각에 '가능한 한 포인트가 쌓이도록' 물건을 사는 사람이 많을 것이다. 포인트 적립은 이점뿐이라고 생각하는데, 사실은 의외의 함정이 있다. 포인트를 얻기 위해 낭비하게 되는 게 바로 그것이다.

'포인트 추가 적립 캠페인'과 '구입 금액에 따른 포인트 부여' 같은 광고에 현혹되어 필요 없는 소비를 하고 있지 않은가? 포인트를 위해 돈을 낭비한다면 말짱 도루묵이다.

또, 포인트를 더 많이 주는 상품이나 가게를 일부러 찾아가는 것은 시간과 에너지 낭비다. 애써 찾아가서 구입했는데, 다른 가게에서 사면 포인트를 더 받을 수 있다는 것을 알고 실망하는 경우도 있다.

생각보다 포인트를 못 받았거나 포인트 사용 기간이 지나버렸을 때는 손해 본 기분도 든다. 이렇게 포인트 적립을 위해 돈을 낭비하거나, 많이 알아보고 샀는데 후회하게 되면 쇼핑이 즐겁지 않을 것이다.

그렇다면 포인트 적립을 열심히 하는 것에 의미가 있을까. 포인트를 쌓고 활용하는 것이 너무나 신나고 즐거우면 모를까, 그렇지 않다면 과감히 끊어버리고 소중한 돈과 시간, 에너지를 다른 곳에 쓰는 것이 이익이다. 포인트 적립에 얽매이지 말고 기분 내키는 대로 쇼핑을 즐기자.

20

저금하지 않는다

　노후 걱정 없이 살려면 2억 원 정도의 저축이 필요하다는 정부 발표(2019년 일본 금융청은 노후를 위해 약 2천만 엔이 필요하다고 보고했다) 이후 어떻게든 저금을 늘려야 한다고 조바심 내는 사람이 많다. 30년 동안 받을 수 있는 연금과는 별개로 필요한 돈이라는데, 그런 많은 돈을 준비해두는 것은 무리라고 생각하는 사람이 많지 않을까. 숫자에 겁먹어서 2억 원을 저축하려 하기보다는 자신의 시간을 가질 수 있는 정년 이후야말로 자유롭게 돈을 쓰는 것이 좋다.

　애당초 돈은 인생을 풍요롭게 하기 위해 필요한 것이다.

풍요로운 인생의 이미지는 사람마다 다르지만, 적어도 돈을 '수중에 쥐고 있는 것'만으로는 풍요롭다고 할 수 없다. 한 조사에서는 돈을 쓰는 경향이 있는 사람일수록 행복도가 높다는 결과가 나왔고, 물건보다 경험을 위해 돈을 쓰거나 타인을 위해 돈을 쓰면 행복감이 더 높아진다고 했다. 어느 쪽이든 자신이 하고 싶은 것에 돈을 쓰면 마음이 풍요로워지고 행복을 느낄 수 있다.

언제까지 살지 모르는데, 저금을 위해 지금 하고 싶은 것을 참는다면 살아 있는 이 시간을 망치는 것이다. 장래를 위해 저금한다지만 어떤 의미에서는 '죽을 때를 대비한 돈'을 모으는 것과 같다. 또, 돈을 쓰지 않으면 뭐든 손익을 따져서 마음에 여유가 없다. 그러면 행복은 더 멀어지니, 저금하는 노력도 아무 소용이 없다.

돈이 원수.

돈 때문에 화(禍)를 입는다는 말. 과장일 수 있지만 저금을 위해 인생의 즐거움을 빼앗긴다면 그것은 화라고 할 수 있다.

21

돈 관리는 통장으로 한다

노후 생활비가 걱정이긴 한데, 가계부를 적지 않고 돈에 무관심한 사람이라면 통장을 활용해 돈을 관리해보자.

● 예금 계좌를 2개로 한다

예금 계좌를 2개 만들어서 돈을 '쓰는 통장'과 '모으는 통장'으로 구분한다. 급여 등의 수입과, 공공요금이나 신용카드 대금 등의 지출은 '쓰는 통장'을 이용하고, 급여의 일부나 절약해서 남은 돈은 '모으는 통장'에 입금해서 안 쓰는 것을 기본으로 한다. 돈의 출입을 단순하게 '시각화'하는 것이다.

- 돈을 '쓰는 통장'으로 돈의 흐름을 전체적으로 파악한다

돈을 쓰는 통장 내역으로 수입과 지출을 전체적으로 파악하자. 지출 내용을 간단히 메모해두면 이후에 확인하고 싶을 때 도움이 된다. 메모 기능이 있는 인터넷통장도 있으니 참고하자.

- 돈을 '모으는 통장'을 정기적으로 확인한다

일주일이나 한 달에 한 번은 정기적으로 돈을 모으는 통장을 확인하자. 통장에 돈이 모이는 것을 보면 뇌가 좋아한다. 저금하려는 사람에게는 좋은 동기부여가 된다.

통장으로 자신의 경제 상황을 대략 파악하는 목적은 돈 때문에 무턱대고 불안해하지 않기 위해서다. 돈의 불안에서 해방되면 마음에 여유가 생기고 노후도 지나치게 걱정하지 않게 될 것이다.

> 걱정하지 말고 새로운 방법을 찾아라. —시와키리 쇼타로(실업가)
>
> 걱정만 하면 아무것도 달라지지 않는다. 노후가 걱정이면 자기 나름대로 돈을 마련하면 된다.

22

주택담보대출은
앞당겨 갚지 않아도 된다

　노후를 위해 주택담보대출을 서둘러 갚는 것이 좋다고 생각하는 사람이 많은데, 수중에 남겨둬야 할 돈을 쓰면서까지 무리해서 서둘러 갚을 필요는 없다고 말하는 은행 직원이나 자산관리전문가도 있다. 아직 자녀 교육비가 필요하거나 50대에 조기상환하려 한다면, 조금 더 생각해보는 것이 좋다.

　정년 후에 일을 계속해도 지금보다는 수입이 줄어들 수 있고, 건강상태에 따라서는 일을 할 수 없을 수도 있으니 무리해서 조기상환하면 노후의 금전 문제를 피할 수 없다. 퇴직금으로 조기상환할 수도 있는데, 퇴직금이 대출금의 잔금보다 많다면 모를까, 그렇지 않으면 노후 생활비를 고려해 판단하는 것이 좋다.

일본의 경우, 사망 시 대출금을 전액 지불해주는 '단체신용생명보험'에 가입할 경우 조기상환액에 따라 보험금이 낮아진다. 또, 부동산 가격이 상승하는 시기라면 조기상환보다 집을 매각하거나, 자금을 자산운용으로 돌리는 것이 이익이라는 의견도 있다.

무턱대고 '저금리일 때 상환하자'고 결단하지 말고 여러 가지 상황을 고려해서 자금과 자산을 남기는 것도 선택지 중 하나다. 노후를 생각하면 조기상환의 이점만 보고 판단하지 않는 것이 좋을 수도 있다.

23

구독 서비스는
꼭 필요한 것만 이용한다

최근에는 콘텐츠, 식품, 생활용품 등 다양한 분야에서 구독 서비스 이용자가 늘고 있다. 구독 서비스란 소비자가 일정 금액을 지불하고 특정 상품이나 서비스를 제공 받는 방식을 일컫는다. 일본에서는 잘 사용하지 않는데도 구독 서비스를 자동 연장하는 바람에 매달 지출이 늘어나는 사람이 속출하고 있다.

일인당 과금은 나이대가 높을수록 많다. 동영상이나 음악 서비스부터 식품 배달까지 종류가 다양해서 편리하다고 생각해 여러 곳에 가입한 사람도 있을 것이다. 단, 미처 깨닫지 못한 사이에 너무 많이 가입했거나, 이용하지 않는 서비스를 신청해서 생활비를 압박할 수도 있다.

도대체 어디에다 얼마의 요금을 내고 있는지 스스로도 정확히 알지 못하는 사람이라면, 먼저 자신이 실제로 사용하는 서비스가 몇 개인지부터 확인해보자. 다음으로는 각각의 요금과 사용 빈도를 정리한다. 정기적으로 받는 상품이라면 얼마나 자주 배달되고 있는지, 또 자신에게 어느 만큼 필요한 것인지 꼼꼼히 따져본다. 그런 다음에 배송 빈도를 적절히 조절한다. 만약 이용 빈도가 적다면 가입을 해지하는 것도 좋은 방법이다.

이용하지 않아도 불편하지 않은 구독 서비스는 해지해버리자. 예를 들어 여러 개의 동영상 스트리밍 서비스에 가입했다면 자주 보는 것 하나로 정리한다. 등록만 한 채 헬스장에 나가지 않는 유령 회원이라면 언젠가는 갈 거라는 생각을 버리고 당장 회원권을 취소하자. '무제한 ○○'은 비교적 저렴하게 느껴지지만, 서비스를 충분히 누리지 못하는 것도 많으니 매달 확인하는 것이 좋다.

또, 가입한 것이 너무 많아서 제대로 활용하지 못하거나 비용이 부담되어 가입을 해지하게 될 것 같다는 마음에 금전적·심리적 부담에서 벗어나려고 아예 가입조차 싫어하는 사람도 있다. 그런 올가미에서 벗어나 진짜 필요한 서비스를 필요한 만큼만 이용하자.

옥상옥(屋上屋)
'지붕 위에 또 지붕을 얹는다'는 뜻으로, 부질없는 일을 반복한다는 말이다. 비슷한 서비스에 돈을 쓰고 있지는 않은지 꼭 확인하자.

24

취미 활동에는
돈을 아끼지 않는다

지금 하고 있는 취미 활동이 좋기는 한데 돈이 들어서 그만둘까 고민이라면, '돈을 기준으로 생각하는 사고방식'을 바꾸자. 왜냐하면 돈을 쓰는 것은 뇌를 쓰는 것이기 때문이다. 자신의 즐거움을 위해 돈을 쓰면 뇌 기능이 활발해지고 면역력이 높아진다. 노화 방지, 스트레스 감소 등 좋은 점들뿐이다. 돈이 신경 쓰여 취미 활동을 그만두지 않도록 횟수를 줄이거나 해서 가능한 한 범위에서 지속하자.

또, 취미를 통해 새로운 것에 도전하거나 다른 것에 흥미를 갖게 되면 뇌에 긍정적인 자극을 주어 치매와 우울증에 걸릴 위험을 낮춘다. 취미는 여러 개 있어도 된다. 그 취미를 '한 달에 한 번 즐긴다'라며 횟수를 정해둘 필요는 없다. 습관으로 하지 않아도 된다.

지금부터 취미를 찾는다면 다음의 기준으로 선택하자.

- 진심으로 즐거운 것, 좋아하는 것을 취미로 한다.
- 어릴 적이나 젊을 적에 즐겼던 취미를 다시 시작한다.
- 밖에 나가 다양한 자극을 받거나 흥미의 범위를 넓힐 수 있는 것을 한다.

예를 들어 동네 산책도 멋진 취미 중 하나다. 동네를 걸으면서 새로운 발견을 할 수도 있고 무언가에 흥미를 가질 수 있는 계기도 된다. 취미가 꼭 나이에 걸맞은 것이어야 할 필요는 없다. 돈이 들어도 자신이 즐길 수 있는 취미를 갖자. 그럼 뇌가 건강해져서 풍요로운 노후를 보낼 수 있다.

잘하지는 못하면서 무작정 좋아한다.
서툴더라도 좋아하는 취미 활동이라면 열심히 한다. 비록 자신이 잘하지는 못해도 즐기며 몰두할 수 있는 일이면 된다.

25

애장품은 아끼지 말고 사용한다

"당신의 애장품은 어떤 것입니까?"

이런 질문을 받으면 오래 쓸 수 있거나 고가의 물건, 또는 애착이 가는 물건을 떠올릴 것이다. 보석 장신구, 손목시계, 튼튼한 냄비, 귀중한 찻잔, 고급 오리털 침구, 개인적인 추억의 물건을 애장품으로 소중히 하는 사람도 있을 것이다. 너무 소중해서 사용하지 않고 진열하거나 장롱에 넣어두지는 않았을까? 애장품은 아끼지 말고 자주 사용해야 한다. 수중에 넣은 것에 만족하지 말고 그 장점을 충분히 만끽하자.

나이 들면서 보석 장신구를 하지 않게 되었거나 특별한 날에만 고가의 액세서리를 착용한다면, 앞으로는 평소에도 사용하는 것이 좋다. 나이 들수록 어른의 매력은 늘어나므로 프랑스 귀부인처럼 전체적으로는 소박하지만 특정 부분에는 신경을 써서 호화로움을 추구해도 좋다. 커다란 보석 알이 어우러진 반지나 목걸이는 평소에 착용해도 어울린다. 캐주얼한 옷차림에 보석 장신구를 착용하면 화려한 인상을 주어 더욱 아름답고 멋져 보인다. 또, 보석 장신구를 착용하는 것으로 긴장감도 생기고 기분이 들뜨기도 한다.

나는 40년 전쯤 소중한 사람에게서 선물 받은 화이트골드 롤렉스 시계를 애용한다. 소중한 물건인 만큼 더 자주 착용한다. 이제부터는 애장품을 평생 애용하는 물건으로 자주 사용하자.

외출하기 전에 액세서리를 하나 빼면 당신의 아름다움은 완벽해진다. ─코코 샤넬(패션 디자이너)
소중히 간직하는 보석 장신구나 액세서리를 착용할 때 참고하자.

26

운전면허증은 반납하지 않는다

나이가 들었으니 이제는 운전면허증을 반납해야겠다고 생각하는 사람이라면 이 시점에서 다시 검토해보자. 운전이 가능한 동안에는 필요할 때마다 운전하는 것이 좋다. 당장 불편해지겠지만 사고를 일으킬까 봐 무서워서 운전면허증을 반납해야겠다고 생각할 수도 있다.

그러나 실제로 일본에서는 고령자의 대부분이 안전운전을 하는 편이라서, 다른 연령대보다 사고율이 높거나 타인이 연루되는 사고가 특별히 많은 것은 아니다. 원래 인지기능검사 등에서 특별한 문제가 발견되지 않으면 운전면허증을 갱신할 수 있다.

언론에서 고령자 사고를 과장되게 다루는 것일 뿐, 고령자가 운전하는 것이 위험하다는 것은 지금까지의 통계로 보았을 때는 잘못된 이야기다(일본과 달리 한국에서는 고령자 운전으로 인한 사고가 매년 증가하는 추세이다—옮긴이). 부자연스러운 사고가 일어나는 것은 인지기능이나 운전 기술이 원인인 것이 아니라, 고령자 가운데 많은 사람이 여러 종류의 약을 복용하고 있기 때문에 약에 의한 의식장애가 원인이 된 것이 아닐까 생각한다. 참고로 약에 대한 의식장애란 대상을 지각하고 판단하는 정신작용이 제 기능을 발휘하지 못하는 상태를 말한다.

한편, 운전면허증을 반납한 고령자의 그 후 생활을 조사했더니, 돌봄이 필요한 상태가 된 사람의 수가 2배 이상 증가했다고 한다. 언론에 좌우되거나 자식이나 친구의 말에 휘둘려 원하지 않는데도 운전면허증을 반납할 것이 아니라, 쇼핑이나 레저 등을 위해서 필요할 때에 가능한 범위에서 운전을 계속해서, 이동 수단에 제한을 받지 않으면서 생활을 즐길 수 있어야 한다.

운전에 자신이 없어지면 그때부터 하지 않으면 된다. 또,

운전이든 뭐든 하고 싶지 않으면 모를까, 할 수 있는 것은 줄이지 않는 것이 좋다. 이것은 치매 예방으로도 이어진다. 지금 별문제 없이 활동하는 뇌와 몸의 기능은 최대한 계속 활용해야 한다.

얕은 강도 깊게 건너라.
얕은 개울도 깊은 물을 건널 때처럼 조심하라는 속담이다.
운전할 때는 익숙한 길도 방심하지 말고 긴장하자.

27

집 전화는 해지한다

집에서 유선전화를 거의 사용하지 않으면서도 설치한 채 놔두는 사람이 많다. 일본 총무성의 「통신 이용 동향 조사」에 따르면, 스마트폰 사용 세대는 90%가 넘고, 집에 유선전화가 있는 세대의 비율은 50%가 조금 넘는다고 한다. 또 다른 조사에서는 유선전화 설치율이 50대에서 90% 가까운 수치를 보였다.

그렇다면 스마트폰을 사용하면서 유선전화도 이용하는 경향이 있는 것인데, 정말 유선전화가 필요할까? 집 전화를 해지할 때의 이점은 여러 가지다.

- 유선전화 비용을 내지 않아도 된다.

- 마케팅 전화를 받지 않을 수 있다.

- 사기당할 가능성이 줄어든다.

- 전화기를 둘 곳이 필요 없으니 공간이 생긴다.

집 전화를 해지할 때의 단점이라면, 스마트폰으로 전화를 오랫동안 사용할 경우 전화요금이 많이 나올 수 있다는 정도 아닐까. 유선전화의 경우 휴대전화에 비해 전화요금이 저렴하지만, 매번 길게 통화할 일은 없을 것이다. 그렇다면 고정비를 절약하는 것이 당연히 이익이다. 집 전화는 해지하자.

무용지물(無用之物)

'쓸모없는 물건'이라는 뜻이다. 그 역할을 마친 물건은 정리해야 한다.

28

신용카드와 은행 계좌 수를 줄인다

신용카드를 여러 장 갖고 있으면 다음과 같은 몇 가지 단점이 있다.

- 대금 지급일을 기억하지 못하는 등 관리가 힘들다.
- 연회비가 드는 카드는 비용이 커진다.
- 포인트가 분산된다.
- 사망 후 해지 절차 등으로 유족의 뒤처리가 늘어난다.

신용카드는 연회비 무료에 포인트 사용 등 쓰기 편리한

것만 남기자. 단, 정년 후 신용카드를 만들 경우 연금을 포함해 일정 정도의 수입이 없으면 심사 통과가 어려우니 그런 점도 고려해서 해지한다.

은행 계좌를 여러 개 갖고 있어도 거래가 없으면 휴면계좌로 전환된다. 예금액이 없어지는 것은 아니지만 계좌를 복구하려면 절차를 밟아야 한다.

신용카드나 은행 계좌의 수를 줄이면 이런 불편은 발생하지 않는다. 또, 돈의 흐름이 단순해져서 관리하기도 쉽다.

심플 이즈 베스트(Simple is best).
'단순한 것이 최고'라는 뜻이다. 불필요한 것을 정리하면 필요한 것만 남는다. 이것이 '가장 좋은' 상태다.

29

정년 후에도 사회 활동을 한다

 '정년 후에는 일하고 싶지 않다', '노후는 느긋하게 보내고 싶다' 같은 바람이 있을지 모르지만, 나이 들면 오히려 일을 하는 것이 좋다. 머리와 몸을 쓰면 의욕이 생기고 심신이 약해지는 것을 막을 수 있다.

 나이 들어서도 할 수 있는 일은 많다. 경력에 집착하지 말고 새로운 일을 해보자. 나는 의사인데, 택시 운전을 해보고 싶었던 적이 있다. 젊을 때부터 운전을 해서 길도 잘 알고, 어느 길로 가야 빠른지 또는 막히지 않는지 판단하는 감이 있다고 자부하기 때문이다. 길을 몰라도 요즘에는 내비

게이션이 있으니 단순히 운전을 잘한다는 이유로 선택해도 될 것이다. 직업이나 자격에 얽매이지 말고 자신이 할 수 있는 일로 주위에 도움이 되거나 기쁨을 줄 수 있으면 된다.

정년 후에 일을 선택할 때는 '자신이 즐길 수 있는 요소가 있는지', '주위에 도움을 줄 수 있는지'를 기준으로 정하자. 뭐든 직접 해보지 않으면 모른다. 어차피 인생은 '실험'의 연속이다. 만일 그 일이 맞지 않으면 그만두면 된다. 새로운 일에 도전한 실험의 결과가 '그 일은 나에게 맞지 않다'인 것이다. 그게 전부다. 결과는 부끄러워해야 할 것이 아니라 성공으로 가는 밑거름이 된다. 두려워하지 말고 해보고 싶은 일에 도전하자. 뭐든 할 수 있는 것은 줄이지 않는 것이 좋다.

변화에는 위험이 따른다. 하지만 변화하지 않는 위험이 더 클 수 있다. ─존 영(우주비행사)
새로운 일을 시작하는 것이 불안할 때는 이 말을 떠올리자.

정년까지 일하지 않아도 된다

　"정년까지 일하지 않아도 된다"는 말을 들으면 '60세 전에 퇴직해도 된다는 건가?' 생각할 수도 있는데, 그렇지 않다. 지금의 직장에서 정년까지 일하지 않아도 된다는 말이다. 같은 일을 하면서 정년까지 가지 않아도 된다. 이대로 그냥 계속 일하는 것이 아니라, 정년 후의 일과 생활방식인 세컨드 커리어를 시작하자는 제안이다.

　나이 들면 생활방식이나 심신의 건강상태가 변한다. 직장에서의 입장, 업무 내용, 요구되는 역할도 달라진다. 이대로 같은 직장에서 일하거나 정년을 연장하는 것도 좋을 수 있다. 하지만 '지금 나에게 맞는 방식으로 일하고 싶다', '좀 더 능력을 발휘하고 싶다', '앞으로는 노동시간을 줄여서 여유 있게 일하고 싶다'같이 생각한다면, 이직도 염두에 두고 일하자. 또, 퇴직 후에 일하기 위한 준비과정으로서 정년 전에 새로운 세계에 뛰어들어보는 것도 좋다.

정년 후에는 생각만큼 재취업이 잘 되지 않을 수도 있다. 정년 전에 이직 활동을 해보면 어떤 일을 할 수 있는지, 자신의 강점과 흥미에 대한 요구를 파악할 수 있어서 정년 후에 무리 없이 재취업할 수 있을지도 모른다. 50대는 기술이 있더라도 조건 때문에 이직할 확률이 낮지만, 시도해볼 가치는 있다. 그러나 현실적으로 수입이 오를 거라는 기대는 할 수 없어서, 이직할 거면 돈 이외에 다른 동기가 있는지 생각해보자. 그러고 나서 좋아하는 것, 하고 싶은 것을 직업으로 하면 된다.

구르는 돌에는 이끼가 끼지 않는다.
적극적으로 활동의 장을 바꾸는 사람은 늘 생기 넘친다는 의미의 속담이다. 나이 들어도 활기 있는 사람이 되자.

간병을 위해
일을 그만두지는 않는다

가족 중에 건강을 잃은 사람이 생겨서 간병할 사람이 필요해졌을 때 자신이 그 역할을 맡으려고 한다면 다시 생각해보자. 일과 간병을 양립하기란 매우 어렵다. 일본 총무성이 발표한 「취업 구조 기본 조사 결과」에 따르면, 가족의 간병을 하는 사람 가운데 절반 정도가 일과 간병을 양립하지 못했고 개중에는 직장을 그만둘 수밖에 없었던 사람도 있기 때문에, 간병을 만만하게 생각해선 안 된다.

간병하기 시작하면 환경이 크게 바뀌어서 예전처럼 시간을 쓸 수 없다. 물리적으로나 정신적으로 간병에 할애하는 시간이 늘어나 스트레스가 쌓인다. 아무리 애를 써도 직접 간병하는 것에는 언젠가 한계가 온다.

간병에 전념하려고 일을 그만두거나 간병으로 지쳐서 일을 그만두게 되면, 당신의 생활 자체가 성립하지 않는다. 일을 그만두면서까지 직접 간병할 필요가 있는지 곰곰이 생각해보자.

비용 때문이라면 공적 지원제도를 이용해 전문가의 손을 빌리는 방법도 있다. 일하지 않아도 충분히 생활할 수 있을 만큼 돈이 있어도 직접 간병하기보다 요양원 등의 전문 시설에 맡기는 것이 좋다. 또, 자식의 미래를 생각한다면, 유산을 남기기보다 자신이 요양 시설에서 지낼 비용으로 쓰는 것이 자식을 위해서도 좋다. 자신과 자식의 인생을 위해 간병이 우선순위에 놓이지 않도록 해야 한다.

불 속의 밤을 줍는다.
남을 위해 위험을 감당하다가 어처구니없는 꼴을 당한다는 뜻이다. 당신이 간병을 위해 일을 그만둔다는 '위험'을 감당했다고 가족이 꼭 행복해지는 것은 아니다. 자기희생의 정신을 버리자.

부모 자식 사이에
금전적 도움은 주고받지 않는다

자식과 사이가 좋은 사람은 어려운 일이 생겼을 때 서로 의지할 수 있어 좋지만, 돈에 관해서는 주의하자. 노후 자금이 충분치 않은데도 독립한 자식에게 돈을 주고 있지 않은가? 부모와 자식이 함께 쇼핑하거나 여행하면 모든 비용을 부모가 낸다거나, 자식이 집에 올 때마다 교통비를 주는 부모가 꽤 있다. 또, 자식이 주택을 구입할 때 큰돈을 지원하는 등 많든 적든 금전적인 원조가 발생한다.

부모의 일방적인 도움은 자식의 경제적 자립을 방해하고, 자식은 부모의 도움을 당연하게 여기게 된다. 부모도 마음 한구석에서는 자식에게 보답을 기대할지 모른다.

반면, 부모가 경제적으로 어려워서 '내가 어떻게든 해야 해'라고 생각하는 자식도 있다. 자신의 가족과 생활을 제쳐 두고 부모를 돌봐야 할 필요는 없다. 경제적으로 어려운 부모는 생활보호제도 등을 이용하면 된다. 자격 조건이 까다롭지만 일정 요건을 충족하면 신청이 통과되지 않는 경우는 없다(한국에서는 '기초생활수급자'라는 용어를 사용하는데, 생활이 어려운 사람에게 필요한 생계급여, 의료급여 등을 실시해 최저생활을 보장하고 자활을 돕는다—옮긴이). 생활보호를 받는 것은 국민의 당연한 권리이니 신청을 주저할 필요는 없다.

원래 부모나 자식한테 받은 돈으로 생활하거나 즐기는 것은 자연스러운 일이 아니다. 부모와 자식이 서로 자립한 관계가 되기 위해서도 금전적인 도움은 주고받지 않는 것이 좋다. 노후에는 부모나 자식을 위해서가 아니라 자신을 위해 돈을 쓰자.

> 세상에 돈만큼 악을 만드는 것은 없다. ―톨스토이(소설가)
> 잘되라 생각해서 한 일이라도 돈을 주고받는 것은 분쟁의 씨앗이 된다. 금전적 도움은 상대를 위한 것이 아니다.

33

하루에 쓸 돈을 정한다

절약하고 싶어도 야무지지 못해 생각대로 안 되는 사람은, 한 달 예산을 정해도 얼마를 썼는지 파악하지 못하거나 정신을 차려보면 예산을 훌쩍 초과해 써버렸을 것이다. 그렇다면 '하루 예산'으로 돈을 관리하면 어떨까? 하루 단위로 예산을 정하면 과소비할 우려가 없다.

먼저, 하루에 돈을 쓰는 경우를 예상해서 최소 얼마가 필요한지 예산을 세우자. 가족이 있는 사람은 각자의 하루 예산도 포함해 생각한다. 하루에 쓸 수 있는 돈을 정하면, 예산 내에서 쓰도록 일주일 동안 도전해보자. 예산 내로 해결

할 수 없는 날이 계속되면 무리하지 않는 범위에서 금액을 바꾸자. 여기서 초과한 금액은 예산에 추가하지 않고, 쓸데없는 지출을 찾아 줄이면 절약할 수 있다. 단, 취미를 위한 최소한의 돈은 절약하지 말고 따로 예산을 세운다. 참고로, 하루 예산을 자동으로 계산해주는 가계부 애플리케이션도 있다. 고정 수입, 고정 지출, 저금을 입력만 하면 되는 간단한 방식이니 관심 있는 사람은 시도해보자.

또, 하루 예산은 게임하듯 도전할 수 있다. 하루에 쓸 수 있는 돈의 액수를 정하면 어떻게 쓸지, 정말 필요한 것이 무엇인지 생각하게 되어 뇌에도 좋은 자극을 준다. 이리저리 궁리하거나 돈을 쓰는 것은 뇌에 좋은 자극이 된다. 뭐든 즐거워야 지속할 수 있다. 즐겁게 절약할 수 있으니 게으름뱅이도 할 수 있을 정도다.

> 즐기는 고생은 고통을 치유한다. —셰익스피어(극작가)
> 힘들거나 서툰 일도 즐겁게 하면 고통으로 여겨지지 않는다.

하루하루 소중히 보낼 수 있도록

시간과 습관을 정리한다

나이 들면 시간의 흐름이 한층 빠르게 느껴져서

순식간에 지나가버린다.

소중한 시간을 어떻게 쓸지,

자유로운 시간을 어떻게 만들어낼지,

몇 가지 힌트를 소개하겠다.

앞으로 습관으로 만들고 싶은 것에는

꼭 도전해보자.

34

빨래는 아침에 하지 않아도 된다

아침에는 왠지 바빠서 허둥지둥한다. 그러니 아침에 하는 집안일을 하나 줄여보자. 예를 들어 빨래는 아침 대신 밤에 해보자. 그것만으로도 시간적 효율을 높일 수 있다.

세탁기를 한 번 돌리는 시간은 30분에서 1시간 정도인데, 빨래가 많을 때는 그 이상 걸리기도 한다. 같은 시간을 소비한다고 할 때 아침보다는 밤이 조금 더 여유롭다. 그날 입은 옷이나 사용한 수건을 밤에 세탁하면 잡균의 번식을 막을 수 있어 세탁물에서 냄새가 나지 않는다. 목욕하고 남은 물을 세탁에 재활용할 경우, 물이 아직 따뜻할 때 사용하면 세제의 효소 작용으로 때가 잘 제거된다. 또, 전력을 많이 쓰는 시간대 외에 세탁기나 건조기를 사용하면 절전과 절약에 도움이 된다.

세탁물은 실내에 널었다가 다음 날 아침에 빨래 건조대째 베란다나 실외로 옮긴다. 세탁기를 돌리고 건조대에 너는 시간을 단축할 수 있어 오전 중에 세탁물을 완전히 말릴 수 있다. 아침부터 세탁기를 돌리는 것보다 세탁물을 걷어 정리하기까지의 시간이 줄어서 낮 시간을 효과적으로 사용할 수 있다.

지금은 당연하다고 생각하는 집안일의 루틴을 바꾸면 아침에 여유가 생긴다. 그렇게 해서 생긴 시간을 취미 활동이나 걷기 운동, 독서, 공부 등 하고 싶은 '아침 활동'으로 돌리면 하루가 충실해진다. '아침에 하던 집안일을 저녁에 한다'는 발상의 전환으로 새로운 시간을 만들 수 있다.

현애살수(懸崖撒手)
'낭떠러지에서 손을 놓는다'는 말로, 불교 선종의 가르침이다. 뜻을 실천할 때는 과감해야 한다는 의미다. 고정관념을 버리고 발상을 전환해보자.

35

종이 수첩을 쓰지 않는다

'스케줄 관리는 종이 수첩'이라고 하는 사람 중에는 문구 용품을 좋아해 취미로 수첩을 애용하는 사람과, 단순히 예정을 기록하는 도구로 수첩을 사용하는 사람이 있다. 도구로 사용한다면 '편리함'이 최고다. 그렇다면 종이 수첩을 스마트폰 애플리케이션으로 바꿔보면 어떨까? 종이 수첩을 사용하지 않으면 다음과 같은 이점이 있다.

첫 번째는 물리적인 이점으로, 디지털로 바꾸면 짐을 줄일 수 있다는 점이다. 그러면 수첩 챙기는 것을 깜빡해 낭패 보는 일도 없다. 수첩을 메모지처럼 사용해 대충 아무 데나

써버리면, 중요한 일정을 확인하기 어렵거나 어디에 썼는지 잊어버릴 수 있다. 혹은 수첩에 썼다는 것조차 잊어버리는 경우도 있다. 스케줄과 함께 스마트폰으로 관리하면 메모를 확인하기 어렵거나 어디에 메모했는지 잊어버리는 일도 없다.

두 번째는 금전적인 이익인데, 디지털로 관리하면 수첩을 새것으로 바꿀 필요가 없다는 점이다. 매해 수첩과 필기용품을 바꾸는 것은 불필요한 지출이다.

마지막이자 세 번째인 시간적인 이점이 가장 큰데, 일정이 바뀌었을 때 종이 수첩은 수정하기 번거롭지만 디지털은 간단히 변경할 수 있고, 여러 번 변경해도 지저분하거나 찾기가 어렵지 않다. 또, 몇 년 전 일도 언제든 간단히 확인할 수 있다. 종이 수첩 사용을 고집하지 말고 편리한 도구로 바꿔보자.

물건이 있으면 물건에 쫓긴다. —기키 기린(배우)
물건을 찾고, 깜빡하고…… 그렇게 물건에 쫓기는 일이 있다.

36

규칙적인 생활을
꼭 해야 할 필요는 없다

'규칙적인 생활'이란 건강 유지에 기본이 되는 수면·운동·식사에서 올바른 생활 습관을 실천하는 것을 말한다. 물론 규칙적인 생활을 하는 것은 좋지만, 세 가지 '상식'을 예로 들어 관점을 바꿔보자.

먼저, 일찍 자고 일찍 일어나기. 나이 들면 수면 시간이 짧아진다. 그래서 일찍 자고 일찍 일어나는 습관보다 질 좋은 수면에 집중해야 한다. 방의 온도나 습도를 적절히 유지하는 등 쾌적하게 잠들 수 있는 환경을 만들자.

다음은 매일 운동하기. 일본 후생노동성은 65세 이상의 건강한 사람은 매일 40분씩 신체 활동을 할 것을 장려하는데, 운동량과 강도, 시간에 따라서 근육에 피로가 남아 다치거나 몸에 무리가 갈 수 있으니 주의해야 한다.

마지막으로 하루 세 끼 먹기. 배가 고프지 않은데도 정해진 시간에 식사하는 것은 위장에 무리를 줄 수 있다. 속을 편하게 하려면 '식사 시간을 정하지 않는 것'도 중요하다고 주장하는 내과 의사도 있다. 자연스러운 공복 상태를 만들어 위장을 쉬게 하자.

지금까지 믿어온 상식에 얽매이지 말고 자신에 맞는 상식으로 바꾸자. 무조건 규칙적인 생활을 추구하기보다는 나이 든 자신의 몸에 맞는 생활 습관을 갖자.

'한 손으로 내는 박수 소리'라는 뜻으로, 불교 선종의 가르침이다. 양 손바닥으로 쳐야 소리가 나는데, 한 손으로는 어떤 소리가 나겠는가. 한 손만의 소리 없는 소리를 들어야 진정 깨달음을 얻는 것이라는 의미다. 이치나 상식에 얽매이지 않는 생각을 할 수 있는 사람이 되자.

37

아침 활동을 습관화한다

아침에 일어나면 한동안 멍하니 있거나 TV를 켜고 정보 프로나 아침 드라마를 보지 않는가? 앞으로도 그렇게 시간을 낭비하지 않도록, 아침에 일어나면 '아침 활동'을 하자. 아침 활동에는 걷기나 스트레칭 같은 운동, 취미, 공부부터 자신과 마주하는 요가, 명상도 좋다. 요즘에는 온라인으로도 참가할 수 있다. 삶을 풍요롭게 하는 활동이면 뭐든 좋다. 먼저 자신이 할 수 있는 것부터 시작해보자.

아침에 일어나면 밖에 나가서 햇볕을 쬔 다음 아침 활동을 하는 것이 좋다. 아침 햇볕을 쬐면 생체시계가 리셋 된다. 또, 행복 호르몬으로도 불리는 세로토닌이 분비되고 뇌가 각성해 긍정적인 기분이 든다. 그 외에도 칼슘 흡수를 돕는 비타민 D가 생성되어 뼈와 치아가 튼튼해지고 면역력이 향상되며, 스트레스가 해소되거나 심리적 안정 효과를 기대할 수 있다. 이처럼 일광욕은 건강에 여러 가지 이점을 가지고 있다.

참고로 우리 뇌가 가장 효율적으로 작동하는 것은 아침에 일어나서부터 3시간 동안이다. 물론 건강 상태에 따라 아침에 일어나자마자 활동하는 것이 어려울 수도 있으니 자신의 페이스에 맞게 아침 활동을 하자. 수면이 부족한 상태로는 지속해봤자 건강에 좋지 않으니 아침 활동을 위해 수면 시간을 줄이지 않도록 한다. 나이가 들면 뭐든 무리하지 않는 것이 인생을 즐기는 요령이다.

인생에서 1시간을 낭비하고도 아무렇지 않은 사람은 아직 인생의 가치를 알지 못하는 것이다. —찰스 다윈(학자)
인생은 무한하지 않다. 끝이 있는 인생을 소중히 하자.

38

손글씨로 일기를 쓴다

지금까지 일기 쓰기 습관이 없었던 사람은 이제부터 일기장에 펜으로 일기를 써보자. 스마트폰이나 컴퓨터로 문자를 입력하는 것보다 글씨를 손으로 쓰면 뇌가 활성화되어 노화를 막을 수 있다. 기억을 상기시키려면 여러 가지 고차원의 뇌 기능을 관장하는 뇌의 사령탑인 전두엽과, 시각·청각 등의 인지기능과 기억의 중추인 측두엽이 활성화한다. 또, 일기를 쓸 때는 우뇌를 사용해 쓰는 것을 이미지화하고, 좌뇌를 사용해 문장을 정리하기 때문에 뇌 전체가 자극된다.

특별한 것 없는 일상이어도 하루를 돌아보다 보면 '그러고 보니……' 하고 여러 가지 것들에 생각이 미친다. 가령 '오늘 아침에는 베란다에 작은 새가 왔었지', '낮에 딸이 전화를 했어', '자기 전에 TV에서 멋진 가게를 소개했어' 하고 아침부터 일어난 일을 떠올리며 사소한 일상을 쓰면 된다. 다른 사람이 읽을 일은 없으니 잘 쓰려고 애쓸 필요는 없다. 머릿속에 떠오른 일을 몇 줄 적는 것으로도 충분하다. 사소한 일에 시선을 돌리면 즐거움을 발견하게 되어 새로운 것을 시작하는 계기가 될 수도 있다.

또, 즐거웠던 일, 불안하게 생각했던 것 등 그때의 감정과 생각을 적어두면, 나중에 다시 읽었을 때 자신을 객관적으로 볼 수 있다. 일기는 자신과 마주하게 하고, 마음을 차분히 해서 심신을 건강하게 유지하는 데 도움이 된다.

독서는 완성된 사람을 만들고, 담론은 재치 있는 사람을 만들며, 글쓰기는 정확한 사람을 만든다. —프랜시스 베이컨 (철학자)
글을 쓰는 것은 자신을 발견하는 것이다.

39

생각하는 습관을 갖는다

책이나 신문을 읽거나 뉴스를 보고 들을 때는 머리를 쓰자. 머릿속에 정보를 넣기만 하면 지식은 늘어도 뇌는 활성화되지 않는다. 머리를 쓴다는 것은, 생각하고 의문을 갖는 것이다. 예를 들어 책을 읽을 때 '저자가 왜 이런 생각을 했을까?' 같은 의문을 갖는 것이다. 또, 그 내용에 대해 반대 입장에서도 생각해본다. 이렇게 생각하는 습관이 생기면 뇌의 노화를 막을 수 있다.

남의 말을 그대로 받아들이는 경향이 있는 사람은 '그런가' 하고 믿곤 한다. 그러나 자신의 머리로 생각하지 않으면 사고가 얕은 인간이 되어버린다. 상대 의견에 공감했다면 왜 그런지 근거를 생각해보자. 나는 "당신 생각의 근거를 세 가지 들어보세요"라는 말을 자주 한다. 한 가지 정도는 누구나 말할 수 있지만, 두 가지나 세 가지는 쉽지 않기 때문이다.

또, 내가 일반적인 상식으로 여겨지거나 아무 근거도 없는 정보와는 상반된 이야기를 하면, 무조건 부정하는 사람이 있다. 무슨 근거로 저럴까 싶었는데, 뜻밖에도 단지 "전문가가 그렇게 말해서"라고 해서 안타까웠다.

생각하는 힘을 키우려면 편견과 선입견을 버려야 한다. 자신의 사고 습관을 아는 것이 중요하다. 생각하는 습관이 있으면 치매 예방에 도움이 된다.

> 나는 자기 전에 메모지와 연필을 머리맡에 둔다. 당신도 24시간 내내 생각하는 습관을 가져라. ─안도 모모후쿠(실업가)
>
> 습관을 들이려면 지속해야 한다.

40

SNS나 인터넷은
자주 보지 않는다

요즘에는 중장년층의 SNS 이용률이 증가했는데, 시간이 나면 아무 생각 없이 스마트폰이나 태블릿 컴퓨터에 손을 뻗어 SNS나 인터넷에 접속하는 것은 시간 낭비다. 그런데도 멈추지 못하는 것은 어느 세대나 마찬가지다. 나이 들어 겨우 갖게 된 자신만의 시간을 낭비하지 않도록 지금부터 '디지털 디톡스'를 하자.

디지털 디톡스란 스마트폰, 컴퓨터 등의 디지털 기기 사용을 의식적으로 중단해서 심신의 피로와 스트레스를 낮추는 시도다. 디지털 디톡스를 하면 SNS나 인터넷에 접속해

멍하니 보는 일도 없어진다.

다음의 방법을 참고해 자신의 규칙을 만들어 실천해보자.

- 식사 때나 취침 시, 주말 등 특정 시간에는 디지털 기기와 물리적으로 거리를 두어 사용하지 않도록 한다.
- 다른 일을 하면서 스마트폰을 만지는 '~하면서 스마트폰' 습관을 버린다.
- 스마트폰을 시계 대신으로 사용하지 않는다.
- 중요도가 낮은 애플리케이션의 알림을 중지한다.
- 애플리케이션을 지우거나 데이터 통신량에 제한을 두어 'SNS 끊기', '인터넷 끊기'를 한다.

스마트폰이나 컴퓨터를 사용할 기회를 줄이는 것으로 눈의 피로와 어깨결림 같은 몸의 불편함이 사라지고, 지금까지 낭비했던 시간을 유용하게 쓸 수 있다.

시간을 낭비하지 마라. 시간은 인생 그 자체니까. —벤저민 프랭클린(정치가)
아무 생각 없이 시간을 소비하지 말자.

41

뇌 운동을 꾸준히 한다

나이 들었다고 포기한 채 아무것도 하지 않으면, 뇌 기능은 점점 쇠퇴한다. 뇌 기능이 떨어지면 기력을 잃어서 더욱 아무것도 하지 않게 되어버린다. 나이 들어도 뇌는 성장하기 때문에 의식하면 단련할 수 있다. 남은 인생을 결실의 시간으로 만들기 위해서도 뇌를 단련하는 습관을 갖자.

나는 뇌를 단련하는 데는 문제를 푸는 트레이닝보다 취미 활동을 하는 것이 좋다고 생각한다. 매일 똑같은 내용으로 뇌 트레이닝을 하면, 뇌도 매너리즘에 빠져서 움직임이 활발하지 않게 된다. 각각의 문제를 푸는 훈련으로 그칠 뿐,

뇌 전체의 운동은 되지 않는다. 그보다는 취미를 즐기는 것이 뇌에 좋은 영향을 주고 치매 예방도 된다.

뇌는 '호기심'으로 성장한다. 마음속에서 '호기심 씨앗'을 찾아 재미있을 만한 것을 실행해보자. 또, 지식이 늘면 호기심은 왕성해진다. 늦기 전에 새로운 지식을 습득해두면 노후의 즐거움이 늘어난다.

뇌를 활성화하는 데는 다른 사람과 대화하는 것도 좋은 방법이다. 생각을 언어화할 때 머리를 쓰기 때문이다. 다른 사람의 말을 듣고 이해하는 것과 자신의 말로 이야기하는 것은 각각 뇌의 다른 영역을 사용하기 때문에 뇌 전체가 자극을 받는다. 호기심이 있으면 나이와 상관없이 얼마든지 뇌를 성장시킬 수 있다.

늙는다는 것은 바쁜 사람은 결코 가질 수 없는 나쁜 습관이다. ―앙드레 모루와(소설가)
아무것도 하지 않으면 '늙는 습관'이 생겨버린다.

42

식사 준비는 안 해도 된다

배우자가 정년퇴직하고 자녀가 독립하면, 더는 밥을 짓고 반찬을 만들지 않아도 된다. 요리하기를 좋아하는 사람이면 몰라도 가족을 위해 매일 식사를 준비했다면 이제는 그 의무감에서 해방되자. 앞으로는 식사 준비를 하지 않아도 된다. 가족 입맛에 맞추는 대신 자신이 먹고 싶은 대로 먹자.

식사 준비가 생략되면 매끼 반찬거리를 걱정할 필요가 없어서 장 보는 시간과 수고를 없앨 수 있다. 자연히 시간도 생기고 식재료 낭비도 줄어든다. 마트나 편의점, 백화점 지하 반찬 코너도 적절히 활용하자. 반찬을 사 와서 마음에 드는 그릇에 담으면 직접 만든 것과 다를 게 없다. 또, 포장이나 배달 서비스를 이용해도 된다. 자신이 만든 것과 다른 양념이나 메뉴는 신선하게 느껴져 뇌에도 자극을 준다.

'염분과 당분이 걱정된다', '영양소를 골고루 섭취하지 못할 것 같다'고 생각할 수도 있는데, 병이 있는 것이 아니면 염분이든 당분이든 무리하게 섭취를 줄일 필요는 없다. 뭐든 자제한다고 건강에 좋은 것은 아니다. 먹고 싶은 것은 자유롭게 먹자.

또, 시판되는 상품에는 다양한 식재료가 사용되어서 여러 가지 영양소를 효율적으로 섭취할 수 있다. 그런 식재료를 직접 준비하는 것은 가성비가 떨어진다. 식사는 즐겁게 하는 것이 중요하다. 직접 요리하는 시간보다 즐겁게 먹는 시간에 집중하자.

좋아하는 것은 탈이 없다.
좋아하는 것이라면, 예를 들어 가끔은 과식하더라도 몸에 해가 되지 않는다. 앞으로는 자신이 좋아하는 것을 먹고, 자유롭게 식사를 즐기자.

집안일에 완벽을 추구하지 않는다

　요리, 청소, 세탁, 모든 것을 완벽하게 하지 않으면 안 된다고 생각하지 않는가? 그렇다면 당신은 '당연히 그래야지'라는 사고방식에 빠진 것일지 모른다. '~해야만 한다'는 생각이 강해 규칙이나 세상 상식에 얽매이는 것이다. 이런 사람은 성실하고 완벽주의적인 경향이 있다.

　'당연히 그래야지'라는 사고방식에 빠지면, 자신이 힘들게 깨끗이 청소한 곳을 가족이 더럽히거나 어지럽힐 때 화가 나고 스트레스를 받는다. 그런 상태가 지속되면 완고한 노인이 될 수 있고, 최악의 경우 우울증에 걸릴 수 있다. 우선은 이런 사고방식에서 벗어나야 한다.

처음에는 어려울 수 있지만, 우선은 집안일을 대충 해보자. '제대로 하지 않는 것'과 '할 수 없는 것'은 다르다. 능력이 없어서 제대로 하지 않는 것이 아니다. 그러니 안심하고 대충 끝내자. 적당히 하다 보면 의외로 '이렇게 해도 되는구나' 하고 깨닫게 된다. 완벽을 추구했던 것이 단순히 자기만족이었음을 알게 된다.

집안일을 완벽하게 하기보다 편하게 할 수 있는 방법을 찾아보자. 60세가 넘으면 편한 것만 하면 된다. 뭐든 편하고 즐겁게 해서 여유롭게 사는 것이 노후를 풍요롭게 하는 지혜다.

유연심(柔軟心)
'유연한 마음'이라는 뜻으로, 불교 선종의 가르침이다. 고정관념과 상식에 얽매이지 않고 늘 유연한 마음으로 사물을 볼 수 있다면 기분도 가볍다.

연말 대청소는 대충 한다

나이 들면 물건을 버리는 것도 청소하는 것도 힘들다. 특히 마음이 무거워지는 연말 대청소는 누구나 하기 싫을 것이다. 대청소라고 해서 집 안을 구석구석, 반짝반짝 빛이 날 정도로 하지 않아도 된다. 앞으로는 집 안을 빈틈없이 쓸고 닦는 청소가 아니라 정해놓은 장소만 깨끗이 하자.

먼저, 가구를 움직여 청소하는 것은 그만두자. 무리해서 허리라도 삐끗하면 큰일이다. 편하게 손이 닿는 범위나 신경 쓰이는 곳만 청소하면 충분하다. 몸에 부담이 가는 곳은 자녀에게 부탁하거나 집안일 대행 서비스를 이용하자.

예를 들어 에어컨이나 가스레인지 후드, 환풍기 등 높은 곳에 있는 물건이나 미끄러지기 쉬운 욕실 청소는 전문가에게 맡기자. 나이 들어 작업하기 어려운 장소, 넘어질 위험이 있는 장소만 의뢰하면 된다. 비용이 신경 쓰인다면 공적 기관에서 시행하는 저렴한 가격의 서비스나, 고령자를 지원하는 사업이 있는지 지자체에 문의해보자(한국에는 보건복지부 '노인맞춤돌봄서비스'가 있다. 청소 관리와 식사 관리를 해주는 일상생활 지원 서비스도 있는데, 대상자는 65세 이상 기초생활수급자 등으로 제한이 있다—옮긴이). 이제는 혼자 대청소를 한다는 생각은 버리자.

가능한 한 힘들지 않고 적당히 끝내자. 그러려면 평소에 조금씩 청소해서 깨끗이 해두어야 한다. 청소는 평소에 하고, 연말에는 느긋하게 편한 마음으로 새해를 맞자.

시시근불식(時時勤拂拭)

'때때로 부지런히 털고 닦으라'는 뜻으로, 불교 선종의 가르침이다. 마음속도 자신의 주변도 티끌이나 먼지가 적을 때는 쉽게 털 수 있다. 마음도 집도 부지런히 먼지를 털어내자.

45

식물을 키운다

　정년 후나 자녀가 독립해 시간적으로 여유가 생기면 식물을 키워보자. 자연이나 식물을 접하면 몸과 마음의 긴장이 풀리고 스트레스도 줄기 때문이다.

　의료와 돌봄, 복지 현장에서는 '원예 요법'이라는 재활치료가 있는데, 식물을 키움으로써 심신의 건강을 유지하거나 기능을 회복시키는 효과를 기대할 수 있다.

　마당이나 밭이 없어도 화분 등을 이용하면 누구나 쉽게 시작할 수 있다. 꽃을 피우는 식물부터 채소, 과일, 허브, 뭐든 상관없다. 초등학생 때에 키운 적이 있는 나팔꽃, 수세

미, 미니토마토처럼 친숙한 식물이나, 추위에 강한 팬지나 비올라, 생명력이 강한 차조기 등 키우기 쉬운 것을 선택하면 된다.

식물을 키우면서 흙을 만지고, 그 성장을 눈으로 보며 즐기고, 향기를 맡고, 밖의 공기를 피부로 느끼는 등 오감을 통해 다양한 자극을 받을 수 있다. 그것으로 심신이 건강해지는 효과를 얻을 수 있으며, 식물을 키우는 것에 기쁨을 느낄 수 있다. 식물을 접하는 것으로 심신이 치유되어 평온한 시간을 보낼 수 있다.

아침저녁으로 식물을 친구로 하면 외로울 틈이 없다.
—마키노 도미타로(식물학자)
식물은 사람에게 기쁨과 힐링, 의욕과 보람을 가져다준다.

46

내친김에 행동한다

　나이가 들면 운동능력이나 의욕의 저하로 움직이기가 귀찮고, 뭔가 새로운 것도 내키지 않는다. 건강하려면 몸을 움직여야 하는데, 운동해야 한다는 생각은 하면서도 귀찮은 것이다. 그래서 '지금은 운동할 기분이 아니야', '내일부터 시작해야지' 하고 스스로에게 변명을 하면서 결국 아무것도 못 한다. 뭐든 '하고 싶다는 생각이 들지 않기 때문에' 움직일 수도 없다.

　해야 하는 것이 있으면 뭔가를 할 때 '내친김에' 해버리자. 몸을 움직이는 것이 귀찮으면, 마트에 갈 때 내친김에 조금 멀리 돌아가는 길을 택해 걷기 운동을 한다. 지하철을 탈 때는 다음 역까지 걸어가서 타고, 내릴 때는 한 정거장 전에 내려 목적지까지 걸어간다. 이렇게 '내친김에' 행동하면 귀찮게 여겼던 것들을 자연스럽게 할 수 있다.

또, 새로운 것을 시작할 기분이 들지 않는 사람은 평소처럼 행동하는 동안에 해보자. 단골 카페에서 마셔본 적 없는 커피를 주문하고, 내친김에 점원에게 그 커피에 어울리는 디저트 메뉴를 물어보고 주문한다. 그러면 새로운 정보도 알게 되고, 몰랐던 맛을 경험하면서 커피의 색다른 즐거움도 발견할 수 있다. '내친김에' 행동하다 보면, 새로운 세계의 문이 열린다.

풀 쑨 김에 모자.
옷을 손보려고 풀을 쑨 김에 모자도 손본다는 말. 뭔가 하는 김에 여러 가지 일을 처리한다는 의미다. 한 가지 행동으로 여러 일을 하면 시간과 수고를 줄일 수 있다. 귀찮음을 많이 느끼는 사람에게 효과적이다.

47

뭐든 시도해본다

뭐든 시도해보겠다는 생각이 노후의 인생을 좌우한다. 시도한다는 발상은 전두엽을 단련시켜 의욕을 높이고 동기부여를 유지할 수 있다. 뭐든 직접 시도해보지 않으면 절대 알지 못한다. 상식이나 통설과는 다른 것을 시도해보면 의외의 결과를 얻을 수도 있다.

정신과 의사인 나는 환자에게 여러 가지 질문을 받는데, 예를 들어 "수면 시간은 7시간이 좋다는데, 정말인가요?"라는 질문에는 "사람마다 다릅니다"라고 대답한다. 자신에게 필요한 수면 시간은 직접 시도해보면 된다. 그날의 건강 상태에 달려 있기도 하지만, 5시간 잔 날과 7시간 잔 날을 비교해 다음 날 아침 개운하게 일어날 수 있는 쪽이 그 사람에게 적합한 수면 시간이다. 요컨대 이리저리 시도해봐서 자신이 좋다고 생각하는 것을 지속하면 된다.

자기 자신을 아는 실마리로 삼기 위해 뭐든 한 번은 해보는 습관을 갖자. 시도해보는 것은 뭐든 좋으니 매일 할 수 있다. 예를 들어 오늘 조림 반찬은 다른 양념으로 만들어본다. 입맛에 맞지 않으면 다음에는 또 다른 맛으로 해본다. 일상생활에서 시도할 수 있는 것은 얼마든지 있다. 그렇게 했는데 자신에게 맞지 않으면 접어버리면 된다. 그런 가벼운 기분으로 해본다면 부담 없이 시도해볼 수 있다.

냉난자지(冷暖自知)

'차고 더운 것을 스스로 안다'는 뜻으로, 불교 선종의 가르침이다. 뭐든 자신이 체험해보지 않으면 모른다는 의미다. 체험해서 느끼는 것이 자신이 아는 것이다.

48

혼자 여행해본다

요즘에는 혼자만의 시간을 즐기는 사람이 많다. 그래서 혼밥(혼자 밥 먹기), 혼쇼(혼자 쇼핑하기), 혼행(혼자 여행하기) 등 혼자 하는 활동이 정착했다. 뭐든 혼자 하면 긴장을 풀고 자기 마음대로 즐길 수 있다.

예를 들어 가족이나 친구와 여행을 하면 즐거울 수 있지만, 나이 들면 혼자 여행하는 것도 좋다. 다른 사람을 신경 쓰지 않고 가고 싶은 곳에 가고, 자기 마음대로 행동할 수 있다.

혼자 어딜 가야 할지 모르겠으면, 주제를 정해 여행 계획을 세워보자. 미술에 관심 있는 사람은 미술관 순례, 식물을 좋아하면 정원 순례를 하는 등 혼자 차분히 감상하자. 사찰 순례 스탬프를 모으면서 역사를 공부할 수도 있다. 또, 자연에서 스케치를 하거나 사진 촬영을 하는 등 혼자만의 취미를 즐기는 여행도 좋다.

처음 혼자 여행하는 것이 부담스러우면 당일치기로 맛집을 찾아가거나 온천에서 피로를 푸는 등 일단 혼자 할 수 있는 범위에서 편하게 여행을 즐겨보자. 최근에는 여행 가이드가 동행하는 1인 여행객 한정 투어도 있다. 한 명인 경우도 있지만, 투어를 같이 하게 되는 사람들을 만나 교류를 나누는 것도 '혼행'이라서 가능하다. 60세가 되면 꼭 혼행에 도전해보자.

고독이라는 티켓을 구입해서라도 자유로운 여행자가 되고 싶다. ─도가와 마사코(가수)

혼자 하는 여행은 고독하거나 외롭지 않다. 자유를 얻을 수 있는 여행이다.

49

정보를 모으고 내보낸다

나는 나이 들어도 정보는 많이 갖고 싶다. 현재 내 컴퓨터에는 관심 있는 인터넷 기사와 동영상 등의 정보들이 많다. 뇌는 새로운 것을 좋아하기 때문에 자신이 모르는 정보를 접하면 자극을 받아 활성화한다.

단, 정보를 모으기만 해선 안 되고 그 정보에 의문을 가져야 한다. 예를 들어 정치가나 학자가 하는 말이 정말 옳은가, 왜 그런 말을 했을까 등을 자기 머리로 생각해야 한다. 그들 역시 자신들 형편에 맞는 말만 할 가능성이 있으므로 그대로 받아들여선 안 된다. 다른 사람의 생각대로 되지 않도록, 가능한 한 많은 정보를 모으고 그것을 자신의 머리로 생각하는 것이 중요하다. 남의 말을 전부 그대로 믿으면 속아 넘어갈 수 있고, 무엇보다 자신의 인생을 즐길 수 없게 된다.

또, 정보는 모으는 것에 그치지 말고 내보내기도 하자. 아무리 정보를 모아 지식을 얻었어도 활용하지 못하면 아무런 의미가 없다. 재미있는 뉴스나 도움이 되는 정보를 주변에 말하거나 SNS로 전하고, 블로그나 일기에 기록하자.

자신의 경험과 노하우도 정보라고 치면, 그것을 다른 사람에게 가르쳐주는 것도 전달이 된다. 상담해주는 입장에서 젊은 사람의 이야기를 듣고 잔소리가 되지 않는 정도로 조언하면, 자신은 정보를 내보낸 것이 되고 상대는 정보를 모은 것이 되어 서로 이익이다.

> **지행합일(知行合一)**
> '지식과 행동이 서로 맞는다'는 뜻이다. 정보를 얻어 지식을 습득하는 것만으로는 의미가 없다. 정보를 활용해야 도움이 된다.

50

SNS를 본 후에는
반드시 의견을 덧붙인다

일할 때는 프레젠테이션이나 회의 자리에서 자기 의견을 말할 기회가 있었는데, 정년 후에는 가족이나 친구와 나누는 일상적인 대화, 메시지 주고받기 외에는 자기 생각을 전달할 일이 많지 않다. 그래서 SNS를 활용해 의견을 드러내 보기를 권한다.

앞서 머리를 쓰는 것이 필요하다고 말했는데, 뇌는 정보를 입력하는 것보다 출력하는 것이 중요하다. SNS를 보기만 하는 사람이라면 SNS를 자기표현의 기회로 활용해 자신의 느낌이나 생각을 자유롭게 써보자. 계정을 익명으로 만들면 아무도 당신인 줄 모르기 때문에 남의 눈치를 살피지 않아도 된다. SNS에서 익명 계정을 만들고 싶으면 새 이메일 주소를 사용하면 된다. 익명 계정을 사용하면 부담 없이 삭제할 수도 있다.

단, 남을 공격하거나 자기 생각을 멋대로 떠들어대선 안 된다. 무엇을 생각하든 자유지만 혐오 발언은 절대 해서는 안 된다. SNS로 발신할 때뿐만 아니라 '생각'과 '감정'과 '행동(발언)'은 분리해야 한다. 그것만 지킬 수 있다면, 우리에게는 '생각의 자유'가 있으니 마음속으로 생각해도 좋다. '언론의 자유'와 '표현의 자유'를 혼동하지 않도록 주의하자. SNS를 활용해 뇌를 자극해서 나이 들어도 밝고 활기차게 생활하자.

사려분별(思慮分別)
'깊게 생각해 다른 일이나 사물을 구별한다'는 뜻이다. SNS는 정보를 주고받는 사람의 모습이 보이지 않으므로 그만큼 더 사려 깊게 행동하자.

51

앞날에 대한 걱정에
빠지지 않는다

정년 후 생활, 노후 대책, 죽은 다음의 일……. 그렇게 앞날에 대한 걱정에 빠져서 우울한 것은 아닌가? 곤충 애호가이자 『바보의 벽』의 저자인 요로 다케시 교수는 정년을 3년 남기고 퇴직했는데, 앞으로 어떻게 할 거냐는 질문에 "모른다"고 대답했다. 이처럼 '앞일은 모른다'고 자연스럽게 받아들이는 자세가 중요하다.

자신과 부모가 깔아놓은 인생이라는 길 위를 걷다 보면, 그 길이 어딘가에서 끊어질 거라는 생각에 갑자기 앞이 보이지 않는 듯해서 불안에 빠지기도 한다. 하지만 그것은 앞을 보지 않고 길을 걸을 때의 일이다. 앞날을 모르면 불안해하는 주제에 눈앞의 것만 본다. 앞을 보면 스스로 길을 연결해둘 수 있다. 지금 앞날을 걱정한다고 불안이 해소되지는 않는다. 불안해하기보다는 '모른다'는 것을 기뻐할 수 있느냐 아니냐가 노후의 인생을 좌우한다. 앞으로 무엇이 일어날지 모른다고 생각하면 더 기대되지 않을까.

'지금'에 집중하는 것이 중요하다. 그러므로 지금 하고 싶은 것이나 좋아하는 것을 '정년 후의 즐거움'으로 남겨두지 말자. 나이 들수록 죽을 확률이나 돌봄이 필요해질 확률, 치매에 걸릴 확률도 높아지니 앞날 걱정만 하거나 즐거움을 뒤로 미루지 말고 지금을 즐기자.

막망상(莫忘想)

'망상하지 말라'는 뜻으로, 불교 선종의 가르침이다. 걱정해봤자 달리 방법이 없는 것을 이리저리 고민하지 말라는 뜻이다. 알 수 없는 앞날을 걱정하기보다 지금을 어떻게 살지 생각하자.

인생 후반을 홀가분하게 살기 위해

인간관계를 정리한다

당신은 그동안
상대하기 껄끄러운 사람을 억지로 만나고,
싫은 사람에게도 신경을 써왔을 것이다.
가족이나 친척과의 관계에서 고민하거나
인간관계에 지쳐 있지 않은가?
이제 그런 인간관계는 정리해버리자.

부모나 자식과 같이 살지 않는다

　자식은 부모가 70대 후반이 되는 시점부터, 혹은 자신의 육아가 일단락된 무렵부터 '슬슬 부모와 같이 사는 것이 좋지 않을까'라고 생각한다. 아무리 부모가 걱정되고 요양 시설에 들어가는 것을 차마 볼 수 없다고 해도, 함께 사는 것은 신중하게 결정해야 한다.

　동거는 친부모라도 쉽지 않다. 치매 초기로 자주 화를 내는 고령자가 있다면 같이 사는 가족이 스트레스를 받기도 한다.

　한편, 고령자의 '행복도 조사'에 따르면, 도중에 자식과 살게 된 고령자의 행복도는 낮게 나타났다. 부모도 동거 가족에게 불만을 느끼거나 지나치게 신경을 쓰기 때문이다. 또, 원래 떨어져서 살던 자식의 제안으로 자식 집에서 동거하게 된 경우, 익숙하지 않은 환경과 인간관계로 고생할 수 있다.

한번 관계가 뒤틀리면 되돌리기는 쉽지 않다. 이런 상황이 걱정된다면 동거보다는 근처에 사는 것이 정답일 수 있다. 부모와 상의해 요양 서비스를 이용하는 것도 한 방법일 것이다.

또, 자식이 동거를 제안해도 될 수 있으면 같이 사는 것은 피하자. 자신의 부모나 자식, 또는 배우자의 부모라면 더욱 동거는 하지 않는 것이 결과적으로 서로를 위해서 좋다. 양호한 관계를 유지하려면 부모와 자식 사이에도 적당한 거리감이 필요하다.

> **부즉불리**(不卽不離)
> '붙지도 않고 떨어지지도 않는다'는 뜻으로, 불교 선종의 가르침이다. 물리적으로 거리를 두어 같이 있는 시간을 많이 갖지 않는 것이 좋은 관계를 유지하는 방법이다.

부부 사이는
'가깝지도 멀지도 않게' 유지한다

정년 후에 부부가 서로 피곤해하며 살지, 자유롭게 살지는 두 사람의 거리 두기에 달렸다. 그러니 지금부터는 '부즉불리(不卽不離: 두 관계가 붙지도 않고 떨어지지도 않음) 관계'로 바꾸자.

서로 간섭하지 않고 각자 편하게 사는 것이다. 자립한 관계를 유지하고, 필요할 때는 서로 힘이 되어준다. 가깝지도 멀지도 않은, 기분 좋은 거리를 두는 삶이다. 이러한 관계를 실천할 때의 요령은 다음과 같다.

- 물리적으로 거리를 둔다

침실을 따로 쓴다, 주말만큼은 따로 지낸다, 각자 외출할 기회를 늘린다, 장기 여행으로 집을 떠나본다 등으로 얼굴을 마주하지 않는 시간을 만들자.

- 함께하는 시간을 짧게 한다

마트에 같이 가지 않는다, 식사를 같이 하지 않는다, 기상·취침 시간이 겹치지 않게 한다 등 부부가 같이 행동하는 시간을 줄여보자.

- 기대하지 않는다

상대에게 기대했다가 어긋나면 화가 나고 스트레스를 받는다. 아무것도 바라지 않으면 마음 편하다.

- 만일의 경우에는 상의할 수 있는 사이로 지낸다

정기적으로 대화하는 시간을 만들어두면 문제가 생겼을 때 상의하기도 쉽다.

이런 방식으로 적당히 거리를 유지하면, 마음에 여유가

생기고 상대에 대한 배려와 감사의 마음도 싹터서 평온하
게 결혼 생활을 유지할 수 있다.

54

친척과의 교류에 무리하지 않는다

친인척의 관혼상제부터 추석이나 설날 같은 명절을 챙기다 보면 1년에 몇 번은 친인척을 만나게 된다. 그들 가운데 대하기 껄끄러운 사람이 있어 마음이 무겁거나, 먼 곳까지 가야 하는 것이 번거로워서 친척과의 교류 자체가 무거운 짐이 되고 있지 않은가?

만일 그런 이유로 스트레스를 받는다면, 참지 말고 당장 친인척과의 관계를 정리하자. 부모나 형제자매, 배우자를 생각하면 단번에 끊어버릴 수는 없으니, 조금씩 관계를 정리하자.

갑자기 소원해졌다고 여기지 않게 서서히 거리를 두면 큰 분란 없이 정리할 수 있다. 먼저, 친인척과의 안부 인사는 다른 가족에게 맡기고 자신이 먼저 연락하지 않는다. 결혼식이나 장례식 이외의 행사나 모임에는 참석하지 않는다. 제사는 챙기지 않고 과일 등을 보낸다.

이렇게 몇 년에 걸쳐 친인척과의 관계를 정리하다 보면, 그 사이에 당신은 모임에 잘 참석하지 않는다고 여길 것이다. 당신이 얼굴을 비추지 않는 것에 대해 험담을 하더라도 앞으로 마주칠 일은 없으니 신경 쓸 필요가 없다.

번거로운 교류에서 해방되면, 좋아하는 사람과 시간을 보내거나 새로운 사람과의 만남을 즐기자. 자기 힘으로는 어떻게 할 수 없는 인간관계에 괴로워하기보다는, 자신이 선택한 인간관계를 소중히 하며 살자.

먼 친척보다 가까운 이웃이 낫다.
소원한 친인척보다 친밀한 이웃이 도움이 된다. 친한 사람이 옆에 있으면 만일의 경우에도 마음이 든든하다.

55

상대하기 거북한 사람과는
인연을 끊는다

정년 전까지는 일 때문에라도 상대하기 거북하고 싫은 사람과 교류해야 해서 골머리를 앓았을 것이다. 또, 나이 들면서 각자 가치관이나 활동 범위가 바뀌어서 친구 사이에도 변화가 생긴다. 이제는 노년기에 접어들었으니 싫은 사람과의 관계는 정리해도 좋다. 원래 모든 사람과 잘 지내야 하는 것은 아니다. 신세를 졌으니까, 오랫동안 알고 지냈으니까 하는 의무감으로 이어진 관계는 스트레스만 쌓이게 할 뿐이다. 그런 관계는 과감히 잘라버리자.

갑자기 연락을 안 하면 불필요한 문제가 생길 수도 있으니 처음에는 거리를 두는 정도로 하자. 상대가 연락해도 바로 답하지 않고, 만나자고 해도 적당히 거절하는 것이다. 모임에 참석해도 짧은 시간만 머물다가 자리를 뜨는 등 당신의 반응이 좋지 않으면 상대도 말을 걸기 어려울 것이다. 어쨌든 더는 교류하지 않을 테니 미움 받아도 상관없다. 그런 방법을 써도 자연스럽게 멀어지지 않는다면, 아예 연락을 끊어버리면 된다.

불필요한 인간관계가 정리되면 새로운 관계에 에너지를 쏟을 수 있다. 60세부터는 자신이 기분 좋게 즐길 수 있는 관계만 유지하자. 무리하면서까지 싫은 사람과 계속 교류하느니 고독한 것이 속 편하다.

56

가족 간병은 직접 하지 않는다

나이 든 부모나 시부모 또는 장인·장모, 배우자를 돌봐야 할 상황이 되었을 때, 요양 시설에 보내려니 왠지 애처로운 마음이 들 것이다. 남의 손을 빌리는 것이 미안하다고 죄책감을 느끼는 사람이 많다. 일본의 경우에는 사회보장비 억제와 요양보호사 등의 인력 부족에 대한 대책으로 정부가 재택 간병을 권하는데, 당신이 직접 돌보는 것이 과연 가족과 당신 자신에게 좋은 일일까?

시설에 모시거나 요양보호사의 도움을 받으면, 손에 익숙하지 않은 사람이 해주는 재택 간병보다 더 질 좋은 돌봄을 받을 수 있다. TV 뉴스나 신문을 보면 학대 가능성이 걱정될 수 있지만, 사실은 요양보호사에 의한 학대 사례보다 동거 가족에 의한 학대가 압도적으로 많다. 육체적 피로와 정신적 스트레스, 간병으로 인한 우울증 등 여러 가지 이유가 있을 것이다. 개중에는 자신과 사이가 좋지 않은 부모를 돌봐야 하는 경우도 있어서 상황은 더 복잡하다.

또, 가족에 대한 애정과 책임감이 있고 정년 이후라 시간이 많아도, 간병을 당신 '삶의 보람'으로 여겨서는 안 된다. 앞이 보이지 않는 간병에 매달리면 자기 시간이 없어져서 스트레스가 쌓이고 결국 몸과 마음이 무너질 수밖에 없다. 언젠가는 학대로 악화하거나 간병으로 직업을 잃을 수도 있다. 가족을 소중히 여기는 마음은 알지만, 혼자 간병을 떠맡지 않을 수 있도록 여러 서비스를 활용하자.

> 무리하지 말고, 내민 도움의 손길에 기대요. ㅡ시바타 도요 (시인)
> 타인에게 도움을 구하는 것도 하나의 수단이라 생각하자.

57

부모와 자식 간의 '유착'을 끊는다

'부모 자식 사이니까'라는 기대감이나 의존심이 있으면, 자신이 무슨 말이나 행동을 하든 전부 용서된다고 믿는다. 그러나 그런 잘못된 믿음은 관계를 악화하고, 서로에게 스트레스를 줄 수 있다. 아무리 사이가 좋아도 부모와 자식이 언제까지고 붙어 지낼 수는 없다. 각자 자립한 인간으로서 거리를 두어야 한다. 그렇게 하려면 부모 자식 사이라도 '타인'이라는 생각을 가져야 한다.

나이 든 부모가 똑같은 말을 수없이 반복하고, 자주 화를 내거나 말을 듣지 않아도 일일이 반응해 짜증내지 말고 노화나 질병이라고 받아들이자. 나이 들면 사람은 달라진다. 어떤 의미에서는 '이전의 부모가 아니다'라고 생각하자.

또, 성인이 된 자녀와의 '유착'은 금물이다. 자식이 가정을 꾸렸다면 더욱 배려해야 한다. 자식을 자신의 일부라고 생각하지 말아야 한다. 부모와 자식이 친밀할수록 과도하게 서로를 필요로 하는 '공의존(共依存)' 관계가 될 수 있다. 심리적 의존에 그치지 않고 경제적인 원조도 당연히 여겨 문제가 될 수 있다.

부모와 자식이 서로에게 스트레스를 느끼거나, 시간과 돈을 빼앗거나 빼앗기는 관계는 건전하다고 할 수 없다. 부모 자식도 타인처럼 적당히 거리를 두어야 한다.

58

연애는 나이와 상관없다

제2의 인생을 생각한다면, 혼자 자유롭게 인생을 즐기는 것도 좋고 파트너와 인생을 보내는 것도 좋다. 결혼은 하든 하지 않든, 인생에 파트너가 있으면 마음이 든든하다.

나는 결혼은 몇 번을 해도 좋다고 생각한다. 나이 들면 가치관이 달라져서 오래 산 부부도 충돌이 생긴다. 이미 부부 사이에 대화가 없고 관계도 삐걱거리는데, 굳이 그 관계를 이어갈 필요가 있을까? 황혼이혼이나 사별 등의 이유로 배우자와 헤어진 사람, 또는 이혼을 생각하는 사람, 물론 미혼인 사람도 파트너 찾기를 시작해보자.

여성의 인기 절정기는 50대 이후에 다시 찾아온다. 완경 후에는 '교류 호르몬'이라고 불리는 테스토스테론의 분비량이 증가해 활동적으로 변하기 때문에 연애에도 적극적일 수 있다. 사랑을 하면 가슴이 두근거리고 설레는 감정이 커진다. 설렘은 '감정의 노화'를 막아준다. 상대의 마음을 사로잡기 위해 어떻게 행동해야 할까, 어떤 화제로 이야기를 할까 등을 생각하면 뇌의 전두엽이 활성화해서 치매도 예방된다.

65세 이상인 '시니어'를 대상으로 하는 만남의 자리도 많이 만들어지고 있다. 그런 자리에 참가하면 관심이 가는 사람이나 자신에게 호의를 보이는 사람을 만날 확률이 높아진다. 연애는 나이와 상관없다. 마음이 맞는 파트너를 찾아 제2의 인생을 맘껏 즐기자.

살다 보면 만나야 할 사람은 반드시 만난다. 너무 빠르지도, 너무 늦지도 않을 때 꼭 만난다. ─모리 신조(철학자)
앞으로 찾아올 만남을 기대하자.

59

주위에 폐 끼치기 싫다는
생각을 버린다

노후에는 주변에 폐 끼치지 말고 사는 것이 당연하다고 생각하는 이유는, 남에게 폐 끼치는 것은 나쁜 일이라고 배웠기 때문이다. '폐를 끼쳐선 안 된다'는 말에는 어떻게든 자력으로 해야 한다는 의미도 숨어 있다. 곤란한 일을 당했어도 주위에 폐를 끼치면 사람들이 비난할까 봐 두려워서 아무에게도 도움을 구하지 못하는 경우도 있다.

우리 사회에서는 집단의 분위기는 눈치 보면서 개인 사정은 무시하는 경향이 있다. 예를 들어 회사 업무가 바쁜 시기에 정시에 퇴근하는 사람이 있으면 '민폐'라고 비난한다.

혼잡한 지하철에 유모차를 밀고 들어오는 사람이나, 버스나 지하철에서 울며 보채는 아이를 달래지 않는 부모를 '모두의 민폐'라고 생각한다. 정시에 퇴근하거나 유모차가 필요한 것, 아이가 울음을 그치지 않는 것은 어쩔 수 없는 일이지만 마음 한구석으로는 비난한다. 나름의 사정과 어쩔 수 없는 상황을 이해하려 하지 않는 것이다.

다른 나라에서는 아이에게 '주위에 폐를 끼쳐선 안 된다'고 가르치지 않는다. 인도에서는 "폐 끼쳐도 된다. 대신 누가 도움을 청하면 도와주라"고 말한다. 누구한테나 그럴 수는 없어도 신뢰하는 사람에게는 신세를 져도 된다. 나이 들면 억지로 강한 척하지 말자. 자신의 약점을 인정하고 주변과 서로 도우며 살자. 서로 힘이 되는, 상부상조하는 관계가 좋다.

주위에 폐를 끼치지 않으면 살아갈 수 없다. —고바야시 세이칸(작가)

그러니 자신을 도와주는 사람에게 감사하며 살자.

60

착한 사람 증후군에서 벗어난다

혹시 '착한 사람'이고 싶어서 억지로 참거나 자신을 억누르고 있지는 않은가? 남에게 미움 받기 싫어하거나 인정받고 싶은 사람일수록 착한 사람을 연기한다. 그런 사람은 지나치게 남을 의식해서 하고 싶은 말도 못하기 때문에, 사람과의 교류 자체를 무거운 짐처럼 느낀다.

착한 사람은 왠지 늘 손해만 본다. 왜냐하면 착한 사람은 '다루기 편한 사람'이기 때문이다. 남의 요구에 휘둘리면서도 거기에 호응해서 착한 사람이 되려고 한다. 무엇이든 거절하지 못하고, 남의 마음을 헤아려 이야기를 들어주는 등 손해 보는 역할을 자처한다. 남을 우선하고 자신은 뒤로 미룬다. 자신의 소중한 인생을 낭비하는 것이다.

60세가 되어서까지 착한 사람을 계속할 필요는 없다. 이제는 지금까지의 인간관계를 정리하고, 신경 쓰면서까지 교류를 이어온 상대와는 이별하자. 자신의 욕구에 솔직해져서 '하고 싶은 대로' 하면서 살자. 다만, 착한 사람은 자존감이 낮은 편이라 말처럼 쉽게 착한 사람에서 벗어나지 못할 수도 있다.

그렇다면 '자신도 남이다'라고 생각하면 어떨까. 남이 바라는 것을 예민하게 알아차리는 당신이라면, 자신이라는 타인이 무엇을 바라는지 알 것이다. 착한 사람 증후군에서 벗어난다면 진짜 자신을 볼 수 있게 되어 유유자적한 노후를 살 것이다.

61

'내가 해야 한다'는 편견을 버린다

뭐든 자신이 해야 한다고 생각하고 있지는 않은가? 오랜 세월 동안 직장이나 가정에서 혼자 일을 떠맡다 보니 어느 사이에 뭐든 '내가 해야 한다'고 생각하는 병에 걸렸을지도 모른다. 그렇게 믿게 된 이유는 대체 뭘까?

- 내가 하는 것이 더 빠르다고 생각해서
- 내가 더 잘할 수 있다고 생각해서
- 내가 아무것도 하지 않고 있다는 생각이 들어서
- 나 자신을 인정받을 수 있을 것 같아서

그런데 뭐든 직접 해야 한다고 자신을 내몰면 부담이 커지고 마음이 지쳐서 탈진해버린다. 직접 해야 한다는 생각이 들 때는 일단은 '정말 내가 해야 할까?'를 냉정하게 자문해보자. 그럼 대부분의 일은, 내가 생각했던 것과 달리 무리하면서까지 직접 해야 할 일은 아니란 것을 알게 된다.

자신이 꼭 해야 할 이유를 찾을 수 없다면 다른 사람에게 부탁하거나 맡겨보자. 그러면 불필요한 책임과 부담에서 해방되어 마음이 편해질 것이다. 또, 다른 사람에게 맡기면 신뢰 관계를 쌓을 수 있고, 도움을 받는 것으로 겸허해져서 자신의 성장에 도움이 된다. 노후에는 주변의 손을 빌릴 경우가 많아지니 이번 기회에 뭐든 '내가 해야 한다'라는 병을 치료해 상황에 맞게 타인의 도움을 받을 수 있도록 하자.

무승자박(無繩自縛)
'새끼줄도 없는데 스스로를 묶는다'는 말로, 불교 선종의 가르침이다. 자기 말로 스스로를 묶어서 자유롭게 행동하지 못하고 괴로워한다는 의미다. 자기를 괴롭히는 것도 편하게 해주는 것도 전부 자기 하기 나름이다.

62

거절의 이유를
일일이 생각하지 않는다

누군가의 권유를 거절할 때는 솔직히 귀찮은 마음이 든다. 나이 들었다고 거절하는 일에 익숙해지는 것도 아니다. 그렇다면 '잘' 거절하려고 하지 말자. 거절의 이유를 이리저리 생각하지 말고, "상황이 안 된다"고만 말하자.

거절을 잘 못 하는 사람은 상대의 기분을 지나치게 신경 쓰는 경향이 있다. 거절한다고 해서 상대가 손해 볼 일은 없는데도 그렇다. 예를 들어 식사 초대를 당신이 거절한다면, 그 순간에는 상대가 아쉬워할 수도 있다. 그러나 식사 당일에 당신의 거절을 떠올리지는 않는다.

당신이 거절한다고 불쾌해할 사람이라면, 그런 사람과는 관계를 정리해버리자. 거절했기 때문에 더는 초대나 권유를 받지 않게 되었다면 오히려 다행한 일이다. 싫은 사람이나 불편한 사람의 권유는 더욱 그렇다. 상대의 기분은 신경 쓰지 말고 적당히 거절하자.

또, 일의 경우에도 거절 때문에 이미지가 나빠지는 것은 아니다. '일은 거절할수록 늘어난다'는 말도 있다. 당신을 대신할 사람은 얼마든지 있다. 꼭 당신에게 부탁하고 싶으면 상대가 당신 상황에 맞출 것이다.

우유부단해서 거절하지 못하는 사람이라면, 인생에서 중요한 일의 우선순위를 정해두자. 그러면 어렵지 않게 거절할 수 있다. 타인의 기준이 아니라 자신의 기준으로 정하면 거절하기도 쉬워진다. 이제는 다른 사람 눈치를 보지 말고 자신을 중심에 두고 살자.

기분 좋은 거절은 반쯤 선물을 주는 것과 같다. ―프리드리히 바우터베르크(철학가)
일부러 이유를 들려고 생각하지 말고 가볍게 거절하는 것이 상대를 위해서도 좋다.

63

손익을 따지면서 행동하지 않는다

물건을 살 때나 사람을 만날 때, 자신에게 이익일지 손해일지 따지는 사람이 있다. 그런 사람은 손익계산으로 움직이는 것이 '진짜 이익'일지 생각해보자. 손익을 따져 움직이는 사람은 눈앞의 이익을 우선하다 보니 본질을 파악하거나 전체를 보는 것에 부족하다. 분명 이익이라고 생각해서 선택했는데 '이럴 리 없어!' 하는 경우도 생길 수 있다. 예를 들어 세일 상품을 구입했는데 생각했던 것과 다르거나, 저렴해서 이익이라고 좋아했는데 결과적으로는 손해를 보는 경우 등이 있다.

또, 인간관계에서 지나치게 상대의 마음에 들고 싶어 하는 사람 역시 손익을 따지는데, 당장은 이익인 것 같지만 결국에는 손해일 뿐이다. 자신에게 도움이 될 것 같은 사람에게 알랑거리거나 상대에 맞춰 예스맨이 되면, 점점 언동이 비굴해지고 스트레스가 심해진다.

'착한 사람'이고 싶은 사람도 손익계산으로 움직인다. 상대에게 이용당하는 한편에는 자신 역시 남에게 잘 보이고 싶고 필요한 사람이 되고 싶은 욕구가 있다. 이를 충족하기 위해서라도 상대를 이용하게 되는데, 그것이 자신에게 이익이라고는 할 수 없다. 오히려 자꾸 매이게 되어 손해를 본다.

이쯤에서 손익계산은 그만하자. 손익이 아니라 즐거운지 아닌지 '감정'을 기준으로 움직이자. 손익을 따지지 않으면 대가도 기대하지 않게 되고, 자유롭게 선택할 수 있어 인생이 풍요로워진다.

64

직접 만나서 대화한다

나이 들면 만나는 사람 수가 줄고 교류할 기회도 적어져서 사람이나 사회와의 연계가 약해진다. 일본의 고령자 약 1만 5천 명을 대상으로 이루어진 「일본 노년학 평가 연구(JAGES)」에 따르면, 동거자 이외의 타인과 매일 교류하는 사람에 비해 주 1회 미만 교류하는 사람의 경우 돌봄이 필요한 요양 등급 인정과 치매 발병, 조기 사망 위험률이 높을 가능성이 있다고 한다. 사람과 교류하지 않으면 여러 측면에서 건강을 잃을 위험이 있는 것이다.

치매에는 커뮤니케이션과 지적 활동이 영향을 주는 것도

밝혀졌다. 사람을 만나기 위해 약속할 때는 기억하는 뇌의 기능을 사용하고, 사람과 대화할 때는 생각을 정리하거나 상대의 이야기를 이해하기 위해 두뇌를 최대한 사용한다. 즉, 사람을 만나 대화하는 것으로 뇌 전체가 자극을 받고, 이야기를 하는 것으로 스트레스가 발산되기 때문에 평소에 수다를 떨면 치매 예방에 도움이 되는 것이다.

단, 무리하면서까지 사람을 만나거나, 사람이 많으면 불편한데 억지로 모임에 참가하려 할 필요는 없다. 기분 좋게 느끼는 정도의 커뮤니케이션이면 충분하다. 양보다 질을 중시하자. 체력과 기력을 고려해 60세부터는 무리하지 않는 범위에서 교류 기회를 늘리자.

양보다 질이다.
커뮤니케이션은 양보다 질이다. 또 질보다 그때의 기분을 우선해서 무리하지 말고 지속하는 것이 중요하다.

외로움을 두려워하지 않는다

나이 들수록 외로움을 느끼는 순간이 종종 찾아온다. 주위에 죽는 사람도 있고 친구 수도 줄어들면서 그렇게 저절로 외로워진다. 외로움에 강해지려면 의존할 수 있는 선택지를 많이 가져야 한다.

뇌성마비 장애를 갖고 있으면서 '당사자 연구(연구자가 연구 대상과 동일한 경험을 가진 당사자로서 자신의 경험을 반영하며 어려움의 대처법을 찾아내는 연구 방식—옮긴이)'의 일인자인 구마가야 신이치로 선생(소아과 의사로 일하다가 지금은 도쿄대학교 첨단과학기술연구센터 부교수로 재직 중임)의 설명에 따르면,

의존처는 ① 수평적인 인간관계(대등한 인간관계), ② 수직적인 인간관계(대등하지 않은 인간관계), ③ 물질(술이나 게임, 음식 등), ④ 자신(자신의 능력이나 외모 등)이 기준이 된다. 이러한 의존처를 골고루 갖고 있어서 각각에 대한 의존도를 얕게라도 활용하는 사람은 '자립'해 생활할 수 있고, 혼자이기에 겪을 수밖에 없는 외로움도 스스로 적절히 조절하며 생활할 수 있다.

또, 선택할 수 있는 조건들을 다양하게 가지고 있어서 언제든 원하는 것을 고를 수 있으므로 외로움에 쉽게 휩쓸리지 않는다. 또한 마음이 안정되어 있기 때문에 외로움에 꺾이지 않을 수 있다.

친구가 있더라도 쉽게 자기 자신을 드러내는 일이 어렵거나 속마음을 편하게 꺼내놓을 수 없고 고민조차 털어놓고 공유할 수 없다면, 분명 당신은 외로움을 느낄 것이다. 마음에 의지가 되는 것이 꼭 친구만은 아니다. 취미를 갖거나 자신이 할 수 있는 일을 하고, 좋아하는 물건을 가까이 두어도 마음에 의지가 되어 삶이 풍요로워진다.

외로움은 혼자 차분히 생각할 시간을 만들어준다. 외로움과 친해질 수 있으면 당신의 인격과 마음이 무게와 깊이를 더 가질 수 있다. 외롭게 홀로 있는 시간이 정신적인 풍요를 가져다준다면, 대하기 싫은 사람과 교류하는 것보다는 외로운 것이 낫지 않을까?

66

타인에게 기대하지 않는다

'내 자식이 행복했으면 좋겠다', '남편이 내 말을 들어줄 것이다'처럼 사람에게는 이렇게 무언가를 기대하는 마음이 있다. 하지만 타인에게 기대하는 것은 아무 소용이 없다. 괜히 기대했다가 자신의 바람이 이루어지지 않으면 실망하고, 배신당했다고 느끼며 상처를 받는다. 또, 지나친 기대로 상대를 안절부절못하게 만들기도 한다. 이제는 괜한 기대로 일희일비하지 말자.

예를 들어 어떤 사람이 자주 지각해서 잘못된 습관을 바로잡으라며 내가 지적했다고 해보자. 상대가 반성하고 "앞으로는 하지 않을게"라며 약속하면, 나는 '다음에는 지각하지 않겠지' 하고 기대한다. 그런데 또 지각하면 화가 난다. 그럴 때는 '그런가 보다' 하고 포기하자. 사람은 변하지 않는다고 생각하고 포기하면, 상대가 변하지 않아도 스트레스 받지 않고 기대대로 되지 않아서 짜증 날 일도 없다.

'기대'란 '○○하면 ○○하게 될 것이다'라는 개인의 경험을 토대로 한 주관적인 인상으로, 그 사람의 바람을 품고 있다. 또, '사실은 이랬으면 좋겠다' 하는 자신의 콤플렉스를 타인에게 투영해 자신을 대신해 자기실현을 이루어주기를 기대하는 사람도 있다.

그런 주관이나 콤플렉스를 타인에게 강요하고 그 바람이 이루어지지 않았을 때 상대 탓으로 돌리는 것은 잘못이다. 주위의 기대를 동기부여로 바꾸는 사람도 있지만, 기대를 '요구'로 인식해 압박을 느낄 수도 있다. 서로를 위해 바람직하지 않으니 지나치게 타인에게 기대하지 말자.

> 아무 기대도 하지 않는 자는 행복하다. 실망할 일이 없기 때문이다. ―조너선 스위프트(작가)
> 일방적인 기대는 실망으로 바뀌어 찾아온다.

67

장례식에 참석하려고
무리하지 않아도 된다

나이 들면 장례식에 갈 일이 많아진다. 죽음은 언제 찾아올지 몰라서 부고를 접할 때마다 기분이 우울해진다.

때로는 고인과 얼굴만 알고 지내던 정도이거나 그다지 가깝지 않은 경우도 있다. 당신은 그런 경우에도 조문을 하는가?

만일 '다들 가니까 나도……' 하고 주위의 시선에 신경을 쓰거나 의무감 때문이라면 굳이 조문하지 않아도 된다. 부고를 듣고도 장례식장에 가지 않았다고 해서 비상식적인 사람이 되는 것은 아니다. 애도하는 마음이 있으면 언제 어디서든 고인을 기억하고 그리워할 수 있다.

자신이 죽었을 때를 상상해보자. 장례를 치르려면 연락부터 절차, 비용 등 남은 가족에게 갑자기 큰 부담을 주게된다. 또, 장례식에 불려온 사람 역시 없던 일정을 갑자기 끼워 넣어야 한다. 생각하기에 따라서는 소중한 사람들의 귀한 시간을 빼앗는 것이 장례식이다.

지역에 따라 상황이 다르긴 하지만, 최근에는 집안사람끼리만 모여 간소히 장례를 치르는 경우도 늘고 있다. 이런 점에서도 고인과 가족이 '진심으로' 장례식에 참석해주기를 바라는 사람이 누구인지 알 수 있다.

장례식에 참석하지 않고 혼자 조용히 이별식을 할 수도 있다. 꼭 참석하고 싶은 경우가 아니라면 무리하면서까지 조문하지는 않아도 된다.

장례식은 또 장례식을 만든다(One funeral makes another).
조문할 일은 연이어 일어날 수 있으니 무리하지 말고 할 수 있는 범위에서 고인을 애도하자.

68

연하장은 보내지 않아도 좋다

오랫동안 습관적으로 연하장을 보냈을 것이다. 그러지 않아도 연말에는 바빠서 인사에 신경 쓰기도 쉽지 않은데 말이다. 연하장을 보내려면 시간과 수고가 필요하기도 해서 솔직히 귀찮은 마음도 있었을지 모른다. 그런데도 어떤 사람들은 한동안 만나지 않은 사람에게까지도 연하장을 보내곤 한다.

연하장 외에는 딱히 연락하지 않는 상대이거나, 덧붙일 '한마디'를 생각하기 귀찮은 사람이라면 지금이 바로 그 사람에게 연하장 보내기를 그만둬야 하는 타이밍이다.

연하장을 보내지 않기로 결정했다면, 연말 인사는 메일이나 SNS로 대신한다. 노년기에 접어든 나이가 되었으니 연하장 보내기를 그만둔다거나 시간을 낼 수 없다는 등 상황이나 심경의 변화를 알릴 필요도 있다.

연하장을 보내지 않았는데 상대에게서 받았을 때는 추운 겨울에 잘 지내는지 안부를 물으면 관계가 삭막해지지 않고 잘 넘어갈 수 있다. 연하장 주고받기를 그만두면 인간관계가 정리되고 비용과 수고도 들지 않아 홀가분한 기분으로 새해를 맞을 수 있다.

떠나는 새는 머물러 있던 곳을 더럽히지 않는다.
떠나기 전에는 뒷정리를 깨끗이 해야 한다. 마지막에 제대로 인사해 서로 좋은 기분을 남기자.

조금이라도 걱정을 줄이려면

노후와 장래에 대해 정리한다

앞날이 걱정되고 불안을 느끼는 것은 누구나 마찬가지다.

병에 걸리지 않을지, 죽은 후의 절차는 어떻게 할지 등을

생각하는 것만으로도 마음이 무거워지는데,

지금부터 준비할 수 있는 것은 시작해두자.

무턱대고 불안해하지 않도록

도움이 되는 사고방식도 소개한다.

69

이사는 정년 전에 준비한다

　나이 들면 주거의 조건이 달라진다. 노후에 주거 형태를 바꿀 계획인 경우, '정년 후에 시간이 나면 알아봐야지' 하고 생각하면 너무 늦다. 어떤 형태로 주거를 바꾸든지 돈 문제가 관련되기 때문이다.

　예를 들어 지금 살고 있는 집을 팔고 이사할 생각인데 매매할 경우에는 손실이 날 수도 있다. 만약 이사 계획을 가지고 있다면 정년 전에 집을 팔아서 소득세와 주민세를 절세하는 방법을 찾을 수 있다(정년 전에는 급여 수입이 있어서 큰 금액을 절세할 수 있지만, 정년 후에는 연금이 주요 수입이므로 세금이 줄어서 절세할 수 있는 금액도 제한된다). 매매로 언제든 이익이 날 경우라면 정년 전에 이사하든 후에 하든 상관없다. 그렇다면 집의 매매를 포함해 정년 전에 구체적인 검토를 시작해야 한다.

임대로 옮길 경우라도 정년 후 수입이 연금뿐이면 집을 빌리기가 어려울 수 있다. 일본 후생노동성의 「국민 생활 기초 조사」에 따르면, 연금만으로 생활하는 고령 세대는 40% 이상, 연금이 80% 이상을 차지하는 고령 세대까지 포함하면 약 60%에 이른다. 정년 후에는 일하고 싶다는 마음이 있어도 노동조건이나 건강 문제로 인해 실제로 일할 수 있을지 어떨지 알 수 없다.

또, 60대 이후에 혼자 생활하는 경우에는 언제든 닥칠 수 있는 돌발적인 사고에 적절히 대응하지 못할 수도 있기 때문에 집주인이 임대를 주저할 수 있다. 이런저런 경우들을 모두 생각하면, 50대 안에 이사 준비를 시작해야 선택지가 다양하고 입주도 하기 쉽다.

이사에는 여러 가지 조건과 주의해야 할 점뿐 아니라 여러 장단점이 있다. 필요한 경우 부동산 공인중개소나 지자체 담당자와 상담하고, 가족과도 의논해 신중하게 검토하

자. 건강할 때 행동으로 옮기는 것이 좋다. 50대에 준비하기 시작하면, 주거 이전도 어려움 없이 실행할 수 있다.

숙려단행(熟慮斷行)
'곰곰이 생각한 후에 실행한다'는 뜻이다. 노후의 이사는 인생을 좌우하는 큰일이다. 쾌적한 주거를 위해 정년 전부터 충분히 생각해서 결정하자.

무턱대고 불안해하지 않는다

앞날이 걱정되어 불안해지는 것은 인간의 생존 본능이다. 하지만 앞질러 걱정해서 기분이 우울해지면 오히려 손해다. 무턱대고 불안해하지 말자.

불안해지는 주요 원인은 '정보 부족'과 '예측 부족'이다. 우선, 불안하게 생각하는 일이 일어날 확률을 따져보고, 불안하게 생각하는 일에 대한 정보와 지식을 얻어 예방한다. 그리고 불안하게 생각하는 일이 일어났을 경우와 일어나지 않았을 경우를 예측해 대책을 세우는 것이 중요하다.

예를 들어, 치매에 걸릴 확률이 어느 정도인지 모른 채 불안해하는 것은 단순한 기우다. 또, '치매에 걸리지 않는 방법'만 생각하는 것도 의미가 없다. 오래 살면 누구나 인지능력이 떨어지기 때문에 그렇게 되기 전에 치매에 걸린 이후를 생각하거나 요양보험 사용법을 공부해둔다.

치매에 걸리면 어떻게 할지 구체적으로 대책을 생각하거나 준비해둔 게 있는가? 치매 발병을 조금이라도 늦추기 위해서는 긍정적인 사고를 하는 것이 중요하다. 불안하다면, 그것이 현실화했을 경우의 대책을 생각하면서 동시에 현실화하지 않았을 경우도 상상해보자. 불안할 때는 최악의 가능성만 의식하게 된다. '이렇게 되면 어쩌나'라는 부정적인 생각은, '이렇게 안 되었을 때는 저렇게 하자'라는 긍정적인 사고로 바꾸자. 대부분의 불안은 근거가 없으니까.

걱정거리와 불안의 96퍼센트는 실제로 일어나지 않는다.
고작 몇 퍼센트에 불과한 가능성에 휘둘리지 말자.

71

보험은 신중하게 선택한다

가족에게 부담을 주고 싶지 않다거나 장례식 비용 정도는 남기고 싶다 또는 병에 걸리거나 다쳤을 때를 대비해두고 싶다는 이유로 보험에 가입하는 사람이 많다. 노년기가 시작되는 정년 후에는 가입한 보험을 다시 확인해보자.

정년을 맞아 가장 먼저 필요한 것은 건강보험 전환이다. 재취업하지 않으면 자녀의 피부양자로 등록하는 것이 가장 좋다. 그것이 불가능한 경우라면 지역보험으로 전환하거나 임의계속가입을 신청하면 퇴직 후에도 일정 기간 동안은 직장 건강보험을 유지할 수 있다. 세금이나 사회보험제도에 대해서는 사전에 꼼꼼히 조사해두자.

　민간 생명보험이나 실손의료보험, 개인연금보험을 확인할 때는 사망, 질환, 간병 등을 고려해 공적제도 이용도 포함해 검토하자. 나이 든 후에 생명보험에 가입하는 것은 큰 이익이 되지 않는 경우도 많으니 고액의 사망보험은 필요하지 않을 수 있다. 또, 의료보험보다 암보험을 우선하는 것이 좋다. 선진의료(최첨단의료) 특약은 가입해두는 것이 좋다는 조언도 있다. 노후 수입과 가족 구성에 따라 달라지니 보험회사 매니저나 자산관리전문가와 상담해보자. 예측할 수 없는 사태를 대비하는 것은 좋지만, 금전적으로 무리해선 안 된다. '지금'을 즐기는 것을 잊지 말자.

인생은 선택의 연속이다.
사소한 일부터 큰일까지 매일 선택에 쫓기지만 항상 '지금'을 소중히 여겨 선택하자.

72

무덤은 없어도 된다

나는 내 장례식이나 무덤은 필요 없다고 생각한다. 가족과 친구가 기념비 같은 것을 만들어서 남은 사람들에게 추억이 되면 그것으로 충분하다.

반면, 아직 많은 사람이 무덤은 필요하다고 생각한다. 고인과 유대를 느낄 수 있고, 조상을 추모하고 싶다는 것이 그 이유다. 또, 죽은 후 선산에 묻히고 싶다는 사람도 적지 않다. 그러나 무덤이란 것은 누군가 관리하지 않으면 유지될 수 없다. 무덤이 있으면 승계자 문제가 발생하고, 묘를 관리하는 가족이나 친족이 고생한다.

무덤을 만들지 않고 추모하는 형태로는 수목장, 산골장, 봉안당 안치 등 종류와 비용이 다양하다. 유족이 유골을 거두지 않고 전부 화장장에 일임할 수도 있다. 죽음은 갑자기 찾아오므로 죽은 후의 처리를 자신이 미리 결정하거나 가족과 상의해두자.

가족이 없는 사람은 사후 처리를 정해두지 않으면 지자체가 장례를 맡아서 한다. 그걸 바라지 않는다면 비영리(NPO)법인과 '생전(生前)계약'이나 '사후(死後)사무위임계약'을 맺는 것도 한 방법이다. 가치관이 다양한 만큼 무덤을 만들든 만들지 않든 개인의 자유다. 죽은 후의 장례나 무덤에 관해서도 자유롭게 결정하자.

거자일소(去者日疎)

'죽은 사람은 날이 갈수록 잊힌다'는 뜻이다. 언젠가 잊히니 무덤은 없어도 된다.

73

생전 정리와 죽음 준비에
시간을 쓰지 않는다

생전에 주변을 정리하고 죽음을 준비하는 사람은 '가족에게 폐를 끼치고 싶지 않다'는 이유만으로 열심이지 않을까? 만일 그렇다면, 지나친 것은 문제가 있다. 열심히 신변 정리를 해도 자신이 죽은 후 실제로 가족이 해야 할 수고가 적을지 아닐지는 알 수 없다. 그렇다면 적당히 정리하고 나머지는 가족에게 맡겨버리자. '가족을 위해서'라는 이유로 생전 정리와 죽음을 준비하는 데 너무 시간을 많이 쓰면, 그런 모습이 오히려 가족에게 불필요한 압박을 줄 수 있으니 적당히 하는 것이 좋다.

또, 유행하는 사회현상에 휘둘려서 하고 싶지 않은 것까지 하고 있지는 않은가? 사실은 물건에 둘러싸여 있어야 안심할 수 있는데, 물건을 많이 소유하면 자유롭지 못하다거나 남겨진 가족에게 짐이 된다는 걱정 때문에 물건이 많은 것에 죄책감을 느낄 수도 있다. 생전 정리와 죽음 준비는 의무가 아니다. 각자 자신의 방식을 선택하면 된다.

빈틈없이 준비해두었어도 앞으로 어떤 일이 일어날지 알 수 없다. 또, 당신의 가치관이 갑자기 바뀌거나 준비 도중에 죽을 수도 있다. '사후 준비'는 죽기 전까지 계속되니 죽은 후를 생각하면서 살기보다 하루하루 어떻게 충실히 보낼지에 시간과 에너지를 쓰자.

74

필요한 것들은
정년 전에 준비해둔다

직장인은 정년 전까지 업무 인계 등으로 준비해둘 것들이 많은데, 내가 권하고 싶은 것은 인맥을 만들어두는 것이다. 그 회사의 직원이라서 얻을 수 있는 신용이 있기 때문에 지금의 입장을 최대한 활용해야 한다. 예를 들어 정년 후에 그 연줄로 재취업을 하거나, 만일 사업을 시작한다면 거래처로 삼아도 좋을 것이다. 직장에서 쌓은 인맥은 정년 후에도 활용할 수 있다.

또, 직장에서의 경험과 노하우를 축적해두는 것도 필요하다. 해보고 싶은 것이 있으면 직장에 다니는 동안에 시도해본다. 생각대로 되지 않더라도 큰 문제가 되거나 해고되지 않는 일이라면 해볼 만하다. 실패는 자신에게 중요한 배움이 된다. 만일 실적을 올릴 수 있다면 고용 연장에 유리하게 작용할 수도 있다. 나이 들수록 새로운 것에 도전하기 어려워지니 지금 많은 것을 해두자.

직장인 시절의 경험을 노후의 즐길 거리로 하는 방법도 있다. 접대로 시작한 골프에 빠져 있다면 정년 후에도 계속해본다. 경비 처리를 할 수는 없지만 골프를 칠 기회를 누렸으니 재미있으면 계속하는 것이 좋다. 또, 업무 관계로 좋은 레스토랑에서 식사할 기회가 있었다면, 정년 후에도 그곳에 가본다. 그런 사소한 것이라도 좋다. 직장에서는 개인으로는 쉽게 할 수 없는 경험을 할 수 있다. 그 경험을 토대로 취미와 즐길 거리를 늘리면 된다.

미래란 지금이다. —마거릿 미드(인류학자)
'지금'이 바로 '미래'를 만든다. 즉 '노후'라는 미래는 지금부터 만드는 것이다.

75

치매를 두려워하지 않는다

'치매에 걸려 아무것도 모르게 되면 어쩌지?', '치매 때문에 할 수 있는 게 없어지면 어쩌나'처럼 미리 걱정하며 두려워하지는 말자. 치매라고 당장 지능과 판단력을 잃는 것은 아니다. 처음 5년 정도는 전처럼 똑같이 생활하는 사람이 많다. 그래서 눈에 띄지 않는 병이라고 한다. 또, 개인차가 커서 증상의 경중도 각기 다르다.

원래 '치매'는 병명이 아니라 '상태'를 나타내는 말이다. 치매에는 여러 가지 원인 질환이 있고, 각각 증상도 다르다. 가장 많은 것이 '알츠하이머형 치매'로, 건망증이 심해지고 날짜나 장소를 잊어버리며 화내는 일이 잦은 유형이다. 초기 증상이 나타나면 신경내과나 정신건강의학과, 노년내과, 일반내과를 찾아서 전문의에게 진료 받기를 바란다(한국에는 보건복지부에서 설립한 '치매안심센터'가 전국에 있어서 치매 검사 및 치매 환자 지원 서비스 등을 제공한다—옮긴이).

우울증으로 오진하지 않도록 고령자 진찰 경험이 많은 정신과 의사를 찾자. 또, 약물요법은 증상의 진행을 늦추거나 치매에 동반되는 정신적인 증상을 완화하는 것이 목적이며, 치매 자체를 낫게 하지는 않는다. 이처럼 우선 치매에 관한 올바른 지식을 갖는 것이 중요하다. 그리고 치매 예방은 물론, 치매에 걸렸을 때의 대책을 세워두자. 치매를 정확히 이해하면 조금은 불안을 덜 수 있다.

달마안심(達磨安心)
달마 대사가 마음이 불안하다는 제자에게 "불안한 마음을 내놓아라"라고 하자 제자는 아무리 찾아도 찾을 수 없다고 했다. 이에 달마 대사가 "네 불안한 마음이 모두 없어졌다"라고 말했다는 일화에서 나온 달마 대사의 안심(安心) 법문으로, 불교 선종의 가르침이다. '불안의 씨앗'을 찾으려는 과정에서 깨달음을 얻으면 불안은 작아진다.

76

건망증이 있어도
너무 신경 쓰지 않는다

'나이를 먹어서인지 최근 건망증이 심해졌다. 혹시 치매 아닐까?' 그런 걱정이 들 수도 있는데, 건망증의 원인이 꼭 치매 때문만은 아니다. 우울증을 비롯해 여러 원인이 있다. 노화에 의한 건망일 경우에는 일부를 깜빡하는 것뿐, 자신이 뭔가를 기억하지 못했다는 자각이 있다.

남성의 경우, 남성호르몬이 감소하면 건망 증상이 나타나고 기억력도 떨어지기 시작한다. 반면에 여성은 갱년기 이후에 남성호르몬이 증가하기 때문에 건망 증상이 생기기 어려울 수도 있다. 건망증이 생기면 구입한 물건이나 약속,

생각난 것 등 뭐든 메모하고, 일정이 생기면 시계의 알람 기능을 설정해 잊지 않도록 하면 된다. 또, 일기를 써서 사람 이름과 생일 등은 이후에 잘 떠올릴 수 있도록 해두는 것이 좋다.

우리 뇌는 원래 모든 정보를 기억할 수는 없도록 만들어졌기 때문에 잊어버리는 것은 당연하다. 그래도 건망증이 심해서 우울하다면 이렇게 생각해보면 어떨까. 고령자 의료의 일인자인 의사 가마다 미노루 선생은 "인생의 80%는 잊어버려도 되는 일"이라고 말한다. 즉, '인생의 80%는 어찌 되든 상관없다'는 것인데, 그렇다면 잊어버려도 괜찮지 않을까. 건망증이 있어도 너무 심각하게 받아들이지 말고 속 편히 인생을 걸어가자.

> 기억해서 슬픈 것보다 잊어버리고 미소 짓는 것이 좋다.
> —크리스티나 로제티(시인)
> 잊어버린 것을 한탄하기보다 잊어버렸어도 지금 웃는 것이 중요하다.

은퇴 우울증을 조심한다

　정년 후 갑자기 할 일이 없어져 무기력한 상태로 집에만 있다 보면 '은퇴 우울증'이 생길 수 있다. 오로지 일만 했던 사람은 우울해지기 쉬운데, 특히 '지시 대기형' 인간은 정년 퇴직 후 모든 것을 스스로 결정해야 하는 것에 스트레스를 받아 우울증에 걸리기 쉽다. 또, 65~74세의 고령자는 치매보다 우울증 발병 비율이 높은 경향이 있다.

　우울증과 치매는 혼동하기 쉬운데, 치매의 주요 원인이 노화인 데 비해 우울증은 신경전달물질의 감소 때문이거나, 인생에서 중요한 생애 전환기나 만성 스트레스가 겹칠 때 발병하는 경우가 많다. 건망증과 비슷한 증상도 있는데, 치매와 달리 갑자기 많은 것들을 할 수 없게 된다.

우울증에 걸리지 않으려면 사람들과 교류해야 하며, 그러려면 '당연히 그래야지' 하는 사고방식을 버리는 것이 좋다. 은퇴 우울증에 걸리는 사람은 성실한 노력형이 많아서 '~해야 한다'는 의무감으로 자신을 내몬다. 그러나 꼭 일을 해야 마땅하고, 사회와 주변에 도움이 되어야만 하는 것은 아니다. 일을 할 수 없게 되거나 주변에 도움이 되지 않아도 당신의 존재가치가 사라지는 것은 아니다. 또, '당연히 그래야지'라고 생각하면 '~할 것이 뻔하다'고 믿게 되어 '정년 후에는 좋은 일자리를 구할 수 없다'고 단정해버리고 만다.

그러나 뭐든 직접 해보기 전에는 알 수 없다. '해보지 않고는 알 수 없다'고 생각하는 습관을 들이면 쉽게 우울증에 걸리지 않는다.

입버릇 하나로 인생이 크게 달라진다. —사토 도미오(작가)
'~는 이래야 한다'라는 사고방식을 버리려면, '~해야 한다'는 입버릇부터 고쳐야 한다.

인생을 역산해서 생각한다

지금 당신은 몇 년 앞의 미래까지 생각하고 있는가? 다가올 앞날이 걱정되어 불안하고 답답한 마음이라면 이제부터는 노후 인생을 역산해서 생각해보자. 즉, 거꾸로 시간을 되짚으며 지금 무엇을 해야 할지 계획을 세우는 것이다.

'역산 사고'를 위해서는 사전에 목표를 설정하고, 그 목표를 달성하기 위해 필요한 단계를 종착점부터 거슬러 계획한다. 미래에서 현재로 인생을 거꾸로 더듬어보는 것이다.

구체적으로 생각해본다면, 80세까지 산다는 가정하에 60세부터 20년간의 계획을 세우는 것이다. 먼저, 최종적으로 달성하고 싶은 목표를 설정하고, 무엇을 해야 할지 대략적인 줄거리만 정하자.

예를 들어 '죽기 전까지 건강하게 지내기'가 최종 목표라면, 그것을 달성하기 위해 단계별로 해야 할 일을 역산한다. '(건강을 유지하기 위해서) 면역력을 높인다 → (면역력을 높이기 위해서) 하체를 단련한다 → (하체를 단련하기 위해서) 운동하는 습관을 들인다' 같은 흐름이 된다.

이런 과정을 통해 얻은 결론을 지금부터 하나씩 차근차근 계획대로 실행하면, '돌봄이 필요한 상태가 되면 어쩌나' 하며 두려워하거나 불안해하지 않을 것이다.

또, '죽을 때 후회하지 않기'가 목표라면, '(후회하지 않기 위해서) 하고 싶은 것을 한다 → (하고 싶은 것을 하기 위해서) 하고 싶은 것을 찾는다 → (하고 싶은 것을 찾기 위해서) 뭐든 해본다' 같은 계획을 세울 수 있다. 무얼 하고 싶은지 몰라서 고민이라면 지금부터 이것저것 시도해보면 앞으로의 인생을 풍요롭게 만들 수 있다.

노후의 인생을 준비하는 것은 이런 식으로 대략적인 계획을 세워 실행하면 효과적이다. 자신이 정말 하고 싶은 것이 무엇인지, 자신에게 진정 소중한 것이 무엇인지 찾아서

'지금' 어떻게 사느냐가 중요하다. 인생의 마지막을 의식해 최종 목표에서부터 지금을 향해 계획을 세우면 의미 있게 시간을 쓸 수 있다.

나이와 상관없이 '이랬으면 좋겠다'는 장래의 이미지를 갖자.

79

안심을 돈으로 사려고 하지 않는다

사람은 누구나 걱정 없이 '안심'하며 살고 싶다. 그러나 돈이 아무리 많고, 투자나 편리한 서비스에 돈을 퍼부어도 모든 걱정을 떨쳐버릴 수는 없다.

예를 들어 안심하고 여생을 보내기 위해 자산운용을 열심히 하는 사람은 투자 문제에 휘말리거나 자산운용에 실패해 큰 손해를 볼 가능성도 있다. 돌봄 서비스를 받을 수 있는 요양 시설에 비싼 돈을 들여 부모를 맡겨도 부모나 자신 모두 진심으로 안심할 수는 없을 것이다. 시설을 잘못 선택하면 불효를 저지를 수도 있다. 유산만 있으면 자식과 손자가 돌봐줄 테니까 안심이라고 생각하는 사람도 있을 텐데, 아무도 그것을 보장할 수는 없다. 돈이 있으면 안심할 수 있는 것이 아니다. 또, 돈으로 안심을 사기도 어렵다.

'안심'을 바라기보다는 마음을 '안정'시키자. 불안하니까 안심을 바라게 된다. 마음을 안정시키면, 불안이 완전히 사라지진 않아도 무턱대고 불안해지지는 않을 것이다. 마음을 안정시키려면 불안하게 여기는 걱정거리에 집중하지 말고 다른 것으로 의식을 돌려야 한다. '괜찮다' 하고 자신을 다독이는 것이다.

불안이 현실화한 미래가 아니라 긍정적인 미래를 상상해 본다. 그렇게 하면 저절로 마음이 안정된다. 또, 몸이 건강하면 당연히 마음도 안정된다. 자기 힘으로 어떻게 할 수 없는 안심을 바라기보다는 마음을 안정시켜 평온한 인생을 살자.

> 고통으로부터의 해방, 기품, 안도감, 침착함, 자족감은 돈으로 살 수 없다. —플루타르코스(역사가)
> 고대 그리스 시대부터 안도감은 돈으로 살 수 없다고 했다.

80

평소에 안 하는 걸 해본다

새로운 것을 시작하고 싶은데 무얼 해야 좋을지 모르겠다면, '평소에는 하지 않는 건데……' 하는 것을 해보면 어떨까?

주로 검은색 옷을 입는 사람이라면 밝은 색깔의 옷을 입어보자. 그럴 용기가 없으면 액세서리의 색깔만 바꿔도 좋다. 또, 평소에는 편의점에서 사지 않는 디저트를 사서 먹어본다. TV를 켜지 않고 음악을 듣는 등 일상에서 하는 행동을 조금씩 바꿔보는 것이다.

요리할 때 조리법에 따르지 않고 식재료를 바꿔서 만들

어본다거나, 조리 중에 다른 메뉴로 바꿔본다거나 하는 작은 '실험'을 해보자. 실험해보는 것만으로도 전두엽이 활성화해서 의욕이 생기고 감정의 노화를 막을 수 있다.

참고로 말하면, 새로 시작하기 좋은 것은 흔히 말하는 '덕질'이다. 연예인을 비롯해 자신이 좋아하는 유명인의 팬클럽 활동을 하며 젊은 기분을 유지할 수 있으면 의욕도 솟는다. 덕질이 행복도를 높인다는 조사 결과도 있는데, 여러 방면에서 덕질을 하면 행복감이 더욱 커진다고 한다.

또, 새로운 것은 늦기 전에 해두자. 60대까지 사용할 수 있게 된 것이나 기억한 것은 그 후에도 절대 잊지 않는다. 새로운 것을 시작했다가 작심삼일로 끝나도 신경 쓰지 말자. '사흘이나' 했는데도 싫증이 났다면 인연이 없는 것이다. 하루하루가 '실험'이라 생각하고 뭐든 시도하다 보면 재미있고 즐거운 것을 만날 수 있을 것이다. 많은 도전이 삶의 보람을 발견하는 기회가 된다.

노익장(老益壯)

'늙었지만 의욕과 기력은 점점 좋아진다'는 뜻이다. 늘 새로운 것에 도전하면 언제까지나 건강할 수 있다.

남에게 도움이 되는 것을
시작해본다

정년퇴직하면 업무적인 교류가 없어서 이전보다 사람을 만날 기회가 적어진다. 정년 후에 계속 일하는 사람도 있지만 젊을 때처럼 교류가 활발하지는 않을 것이다. 그렇게 되면 고독감과 함께 사회적 고립감을 느끼게 된다. 나이 들어서 인간관계가 줄어들지 않도록 새로운 교류를 갖는 것이 중요하다.

정년 후에는 지역사회를 중심으로 생활하게 된다. 자유로워진 시간을 어떻게 쓸지 고민이라면, 주민자치 모임 등에 참가해보는 것은 어떨까. 최근에는 지역 주민의 참가 비율이 낮지만, 이런 모임들은 행정기관의 정보를 지역에 알리고, 방재·방범 활동이나 청소 활동을 하는 등 지역에 꼭 필요한 조직이다. 회원이 되어 지역 봉사활동에 참가하면 자신의 시간을 주변에 도움이 되는 일에 쓸 수 있다. 또, 초등학생 등하교 때 교통안전 지킴이 활동을 하면 세대 간에 교류할 기회가 생겨 좋은 자극이 된다.

그 외에도 자신의 직업 경험과 전문지식을 살린 지역 지원활동, 기능 전승 등 나이 들어도 활약할 수 있는 자리는 얼마든지 있다. 만일 인간관계로 얽히기 싫거나 기력이나 체력 저하로 계속할 수 없으면 눈치 보지 말고 그만두면 된다. 무리하지 않는 범위에서 참가하자. 지역 활동을 통해 사회적 역할을 맡아서 타인과 사회에 도움을 줄 수 있으면, 활력이 솟고 새로운 보람도 찾을 수 있다.

이름 모를 풀도 어딘가에 도움이 되니까 자라는 것이다.
—야마다 에타이(승려)
누구나 역할을 갖고 있으니 뭐든 긍정적으로 해보면 된다.

82

노후에도 일하려면
새로운 지식과 기술을 배워둔다

'리커런트(recurrent) 교육'이라는 말을 아는가? 리커런트 교육이란 업무에 필요한 새로운 지식과 기능을 습득하거나 일에 요구되는 능력을 키우는, 어른을 위한 '순환 교육'이다. 최근에는 학교교육에서 벗어난 후에도 필요한 시기에 다시 교육을 받는, 일과 교육을 반복하는 리커런트 교육이 장려되고 있다.

참고로 '평생교육'이란 말 그대로 평생 배움의 깊이를 더해나가는 학습을 말하며, '충실한 인생'을 꾀하는 것이 주요 목적이다. 반면에 리커런트 교육은 일에 활용하기 위한 지식과 기술을 습득하는 학습으로, '직무능력 향상'이 목적이다.

노후에도 일을 계속하거나 인생을 풍요롭게 하고 싶어서 정년을 앞두고 다시 배우기 시작하는 사람이 늘고 있다. 정년을 맞기 전에 직무능력을 높여두면 정년 후에 선택지가 넓어지기 때문이다. 지금 하는 일에 도움이 되는 기술 외에도 흥미 있거나 도전하고 싶은 것, 자신을 새로 발견하기 위한 배움 등 일을 계속하기 위해 도움이 된다면 무엇이든 상관없다. 정부에서 마련한 지원 서비스나 제도를 이용하는 것도 한 방법이다.

나이 들어도 학생 때처럼 새로운 지식을 습득할 수 있을까 걱정이 될 텐데, 원래 갖고 있는 지식과 경험을 새로 배우는 것에 접목하면 효과적이다. 새로 배우기 시작하면 배우는 것이 즐거워진다. 일하면서 제2의 인생을 즐기자.

배움을 멈춘 사람은 이미 늙었다. —헨리 포드(실업가)
나이와 상관없이 배우려는 의욕이 있으면 항상 젊음을 유지할 수 있다.

몸도 마음도 튼튼하도록

건강과 미용에 대해
정리한다

사람은 누구나 건강하고 아름답기를 바란다.

그렇게 하려면 올바른 정보를 알고

행동으로 옮겨야 한다.

나이 들면 식사와 체력 단련, 건강관리를

지금보다 신경 써야 한다.

83

의사 말을 무조건
따르지는 않는다

당신이 지금 다니는 병원의 의사를 신뢰할 수 있는가? 그 의사는 당신의 질문에 성실히 대답하고, 불안한 기분을 이해해주고 있는가? 의사의 말에 의문이나 불만이 생겨도 환자들은 대부분 그것을 잘 표현하지 못한다. '의사의 말은 절대적'이라고 습관적으로 믿기 때문이다. 하지만 나는 의사 입장에서 '무조건 의사 말대로 하지 않아도 된다'고 알려주고 싶다.

예를 들어 처방 받은 약들을 빠뜨리지 않고 챙겨 먹고 있는데, 장기간 복용하는 약이 여러 종류라면 몸에 좋지 않을 수도 있다. 감기나 두통처럼 일시적인 증상은 별개로 하고, 고령이 되어 다섯 종류 이상의 약을 복용하면 네 종류까지 복용하는 경우보다 넘어질 위험이 4배나 높다는 보고도 있다. 여러 종류의 약 복용이 원인이 되어 누워 지내는 상태가 되어버린 사람도 있다. 그런데도 '의사 말대로' 약을 먹는 것에 익숙해진다. 일단, 약을 처방하기만 하는 의사라면 병원을 바꾸는 것이 좋다.

약이든 치료든 환자가 자신의 희망을 전달하는 것이 중요하다. 당신의 이야기를 진지하게 듣고 대응해주어야 좋은 의사다. 의사는 신도 만능도 아니다. 의사 말을 무조건 받아들이지 말고 자신의 몸과 마음의 소리에 귀 기울여서, 불안하거나 의문이 생기면 정확히 의사에게 전달하자. 의사 '지시'에 따르기보다는 의사의 '제안'을 자신이 판단해야 한다.

유유낙낙(唯唯諾諾)
옳고 그름에 상관없이 뭐든 "네" 하고 타인의 말대로 순종하는 모양을 일컫는 말이다. 자신의 몸을 지키기 위해서라도 자기 머리로 생각하자.

84

건강검진 수치에
일희일비하지 않는다

건강검진을 하고 나서 결과를 확인하면 안심할 때도 있고 불안할 때도 있는데, 건강한지 아닌지는 수치만으로는 알 수 없다. 수치가 정상범위에 있지 않아도 생활하는 데 아무 문제가 없을 수도 있고, 수치가 정상범위에 있어도 병에 걸려 있을 위험은 있다.

예를 들어 혈압과 혈당, 콜레스테롤 수치는 어쨌든 낮은 것이 좋다고 생각하는 사람이 많다. 그런데 100세 넘는 장수인의 절반 이상이 고혈압이었다는 사실을 아는가? 또 콜레스테롤 수치가 높은 사람이 장수하는 등 혈압과 혈당 수치가 높은 쪽이 오히려 건강한 경우도 있다. 그렇기 때문에 수치가 높은 것이 모든 사람에게 다 나쁘다고는 말할 수 없다. 참고로 콜레스테롤 수치는 조금 높은 편이 면역력이 높아서 암 발생 위험을 막는다고 한다.

혈압은 하루 사이에도 50~60㎜Hg는 충분히 오르내리기 때문에 경우에 따라서 "고혈압은 내버려두는 것이 좋다"고 말하는 의사도 종종 있다. 또, 건강검진 수치는 검사 전날 무엇을 먹었는지나 당일의 몸 상태 등 여러 상황에 영향을 받을 수 있기 때문에 일과성 이상인 경우도 있다.

수치에 너무 신경 쓰는 것이 오히려 스트레스가 되어 병을 일으킬 수 있다. 경도 이상이나 재검사 필요 또는 생활개선 판정이 나와서 재검사를 해서 거기서도 수치가 정상이 아닐 때 생활습관을 고쳐도 된다.

앞으로는 인식을 바꿔서 건강검진 결과에 일희일비하지 않도록 하자. 정기적인 건강검진 대신, 필요한 경우에는 뇌 MRI(뇌 자기공명영상: 전반적인 뇌의 조직을 관찰할 수 있다)나 뇌 MRA(뇌 자기공명 혈관조영술: 뇌혈관 이상 발견과 진단에 도움이 된다), 심장 CT(심장 컴퓨터 단층촬영: 심혈관질환 조기 발견과 진단에 도움이 된다) 검사를 받는 것이 뇌졸중의 일종인 지

주막하출혈 등의 혈관질환과, 돌연사를 일으키는 심장질환
의 조기 발견에 더 도움이 된다.

'청산부원동 백운자거래(靑山元不動 白雲自去來)'에서 나온 말
로, 불교 선종의 가르침이다. '청산은 제자리에서 움직이
지 않고, 흰 구름은 스스로 오고 간다'는 뜻이다. 매사 흔
들리지 않는 신념과 유연한 마음을 겸비하라는 의미다. 지
나치게 신경 쓰지 말고, 일희일비하지 말며, 내버려두는
것도 필요하다.

부드러운 음식만 찾지 않는다

나이가 많은 사람 중에는 식습관에 대해 잘못 알고 있는 경우가 꽤 있다. 역학적 정보를 토대로 하여 나이 들어도 고기 먹는 것이 좋고, 무엇이든 좋아하는 것을 먹으면 된다고 권해도 아무런 근거 없이 '그건 틀렸다'고 생각하는 사람도 있다.

그중에서도 가장 많은 오해는 '나이 들면 되도록 부드러운 음식을 먹고, 식재료는 잘게 다져서 요리하는 것이 좋다'는 것이다. 부드러운 음식이나 씹지 않아도 되는 것만 먹으면 음식을 먹는 기능이 약해진다. 입의 근력 저하로 씹는 힘과 삼키는 힘이 약해지면 음식을 씹기 어렵거나 잘 흘리고, 목멤 등의 증상이 생기는 '구강 노쇠(oral frailty)' 현상이 나타난다. 잘게 다진 음식은 씹거나 삼키는 능력이 떨어진 사람도 먹기 쉽도록 배려한 것이긴 한데, 잘못 삼킬 위험이나 위생상의 문제가 있다. 나이 많은 사람이 먹기 쉽게 배려한 식사가 음식을 씹고 삼키는 능력을 빼앗을 수 있는 것이다.

입의 근력이 저하하지 않도록 얼굴 근육과 입술, 혀를 움직이는 운동과 함께 음식을 꼭꼭 씹고 삼키는 습관을 갖자. 빠르게 말하는 것도 효과가 있어서 발음이 좋아지고 표정도 풍부해진다. 입 주변의 여러 근육을 움직여 구강 기능을 유지하자. 또, 나이 들어도 딱딱한 전병을 오드득오드득 씹어 먹을 수 있도록 전신의 건강에 영향을 미치는 치아 관리도 게을리하지 말자.

86

허리통증이 있다고
너무 안 움직이는 것은 좋지 않다

허리통증은 돌발성보다 만성통증이 될 경향이 있다. 만성통증이란 통증이 3개월 이상 지속하거나 재발을 반복하는 상태로, 불타는 듯한 통증이 있거나 무겁고 뻐근함을 느끼는 경우도 있다. 허리통증의 원인은 주로 다음과 같다.

- 오랜 시간 같은 자세를 취한다.

- 구부정하거나 엉거주춤한 자세로 있을 때가 많다.

- 운동 부족으로 하체 근력이 약하다.

- 중노동이나 심한 운동으로 근육 피로가 있다.

• 요나 매트리스가 너무 푹신하거나 딱딱하다.

또, 몸이 차거나 근육이 긴장하면 혈액순환이 나빠져 허리통증이 생기기 쉽다. 허리가 아프면 움직이기도 힘들어서 몸을 거의 쓰지 않게 되는데, 지나친 안정은 몸의 여러 기능을 저하시킨다. 단, 돌발성 허리통증처럼 갑자기 허리를 삐끗한 경우라면 안정을 취하는 것이 좋다.

허리통증을 예방하기 위해서는 복근을 단련하기보다는 배의 근육을 사용하는 것이 좋다. 배꼽 아래를 의식해 배에 가볍게 힘을 준다. 서거나 앉을 때의 자세도 중요한데, 구부정하거나 배를 내밀어 허리가 지나치게 휘지 않도록 주의하자. 노후에 허리통증으로 고생하면 외출할 기회가 줄어서 뇌에 주는 자극이 없어져 노화가 빠르게 진행된다. 평소에 몸을 움직여서 근력이 떨어지지 않게 하자.

양체재의(量體裁衣)

'몸에 맞게 옷을 고친다'는 뜻이다. 일의 형편에 따라 적합하게 처리하라는 의미다. 모든 것을 획일적으로 생각하지 않도록 하자.

87

오랜 시간 목욕하는 것은
몸에 좋지 않다

따뜻한 물에 몸을 담그면 긴장이 풀려 기분이 좋아지지만, 나이가 들면 오랜 시간 목욕하는 것은 위험하다.

목욕은 몸속까지 따뜻하게 해서 피로회복과 부기 해소에 도움이 된다. 그러나 오래 하면 현기증이 일고 탈수증상이 나타나며 피부가 건조해지기 쉽다. 현기증이 일면 가슴 두근거림과 두통이 생기거나, 머리가 멍해져 넘어질 위험이 있다. 넘어질 때 세게 머리를 부딪혀 의식을 잃거나 욕조에 빠지는 등 생명까지 위험할 수 있는 큰 사고로 이어지는 경우도 있기 때문에 오랜 시간 목욕하는 것은 좋지 않다.

일반적으로 30분 이상 온탕에 몸을 담그면 몸에 부담이 커진다. 몸이 피곤하거나 냉기를 느낄 때는 15분을 기준으로 섭씨 40도 이하 물로 목욕하자. 기초체온이 36도인 사람은 40도 정도는 미지근하게 느낄 수 있지만, 심신의 긴장을 풀기 위해서는 부교감신경을 자극하는 37~39도의 미온욕이 좋다.

또, 잠자기 전 온탕에 5분 넘게 몸을 담그는 것도 하지 말아야 한다. 42도 이상의 물에 몸을 담그면 교감신경이 활발해져 흥분상태가 되기 때문에 잠이 잘 오지 않는다. 의욕을 불러일으키거나 개운함을 느끼고 싶을 때는 41~42도의 물에 10분 정도 몸을 담그면 된다. 오랜 시간의 목욕은 좋지 않지만, 목욕을 좋아해 오래 즐기고 싶을 때는 반신욕을 하거나 자주 수분을 보충하는 등 신경을 써야 한다.

물을 한 모금 마시고 온탕에 들어가면 현기증이 일지 않는다.
도쿄도 공중욕장업 생활위생 동업조합이 소개하는 목욕탕 주의 사항이다. 온탕에 몸을 담글 때는 입욕 전후에 수분을 보충하는 것을 잊지 말자.

88

억지로 자려고
노력하지 않는다

나이 들면 잠이 얕아지거나 쉽게 잠들지 못한다. 그 이유로는 생체시계의 변화 등 다양하다. 자다 깨는 사람은 다음의 세 가지 수면 습관을 버리자.

• **일찌감치 누워 있기**(평소보다 일찍 잠자리에 드는 것)

앞서 규칙적인 생활에 대해 설명할 때, '일찍 자고 일찍 일어나기'가 건강 상식은 아니라고 말했다. 졸리지 않은데 누우면 너무 오래 자게 된다. 잠이 올 때까지 눕지 말고 기다리는 것도 한 방법이다.

- 오래 누워 있기(잠이 안 와도 누워서 가만히 있는 것)

잠자리에 누워 30분이 지나도 잠이 안 올 때는 일단 일어나자. 잠이 오지 않아 이리저리 뒤척이면 불면이 악화할 수 있다.

- 낮잠과 초저녁잠(선잠을 자는 것)

30분 넘는 선잠은 밤의 깊고 안정적인 잠을 방해하고, 오후 3시 이후의 선잠은 밤에 잠자는 것에 영향을 준다. 장시간의 선잠은 치매 위험을 높일 수도 있다.

나이 들면 수면의 질이 변해서 사소한 것으로도 잠이 깨어버리는데, 우리 의사들은 자다 깨도 너무 걱정하지 말라고 한다. 질 좋은 수면을 위해서라도 억지로 자려고 노력하는 일은 하지 않는 것이 중요하다.

충실하게 보낸 하루가 행복한 잠을 가져다주듯이 충실하게 보낸 인생은 행복한 죽음을 가져다준다. —레오나르도 다 빈치(예술가)

하루를 보내는 방법도 중요하다.

89

고기는 먹는 것이 좋다

'나이 들면 고기를 안 먹는 게 좋다', '콜레스테롤은 몸에 나쁘다' 같은 말이 많은데, 나는 '고기는 먹는 것이 좋다'고 생각한다. 그래서 특히 고령자에게 고기 섭취를 권한다. 나이 들면 몸을 만드는 단백질과, 행복감과 연관이 있는 신경전달물질인 세로토닌이 부족하기 때문이다. 육류에는 단백질과 세로토닌의 재료가 되는 아미노산이 많이 들어 있다. 세로토닌은 의욕을 향상시켜서 불안을 낮추는 작용도 한다. 즉, 고기를 먹음으로써 기력을 유지할 수 있다.

콜레스테롤이 걱정될 수 있지만, 콜레스테롤 수치가 조

금 높은 사람이 오히려 암에 의한 사망률이 낮다는 것이 여러 연구로 확인되었다. 반면에 콜레스테롤 수치가 낮으면 우울증에 걸리기 쉽다는 연구 결과도 있다. 또, 콜레스테롤은 의욕에 영향을 미치는 남성호르몬을 만드는 재료 중 하나이기도 하며, 여러 방면에서 중요한 역할을 한다.

항노화 의학의 세계적인 권위자인 클로드 쇼사르 박사는 오전 중에 고기를 먹으면 건강에 좋다고 말한다. 아침에는 간장의 기능이 활발해서 단백질을 소화·흡수하기 쉽기 때문이다. 햄이나 소시지도 좋으니 아침에 육류를 섭취하자.

소고기, 돼지고기, 닭고기 등 좋아하는 고기를 먹으면 되는데, 똑같은 것만 먹으면 지연성 음식 알레르기(음식물을 섭취하고 수 시간 후에 알레르기 반응이 나타나 수일간 지속된다—옮긴이)를 일으키는 경우가 있다. 되도록 다양한 고기를 맘껏 먹자.

승려가 '고기를 먹고 아내를 가지는 것'은 금지되어 있지만 일본 가마쿠라시대의 승려 신란은 사람의 참행복을 밝히기 위해 고기도 먹고 결혼도 했다.

90

술은 끊지 않아도 된다

건강하게 오래 사는 사람 중에는 고령인데도 술을 마시는 사람이 많다. 술을 삼가라는 가족과 의사의 말에 아예 끊어버린 사람도 있을 것이다. 반면에 애주가 중에는 건강도 좋지만 끊을 수 없다는 사람도 있다. 이렇게 말하는 나도 매일 와인을 마신다. 술은 커뮤니케이션의 도구가 되기도 하므로 앞으로도 술을 끊지는 않을 것이다.

단, 나이 들수록 알코올 분해 기능이 떨어지는 것은 사실이다. 노화로 몸의 수분량이 줄어 혈중알코올농도가 상승하기 쉬워서 젊었을 때보다 잘 취한다. 술에 취해 넘어져 골절이라도 생기면 큰일이니 적당히 마시는 것이 좋다.

일본 후생노동성은 '절도 있는 적당한 음주'를 '하루 평균 순알코올로 20g 정도'라고 하는데, 순알코올 20g은, 예를 들어 알코올 도수가 14%인 와인의 경우 약 180㎖다. 와인 잔 크기에 따라 다르지만 대략 1~2잔 정도다. 참고로 나는 두 사람이 한 병까지 마시는 것을 허용범위로 정하고 있다. 자신에게 적당한 양과 자신이 마시고 싶은 양의 타협점을 찾으면 된다. '얼마나 마실까'나 '어느 정도 간격으로 마실까' 같은 것은 자신의 인생이니 스스로 정하는 것이 좋지 않을까.

단, 술 마시는 것 자체를 목적으로 하거나 다음 날 후회할 만큼 폭음 또는 과음하는 것, 혼자 외롭게 마시는 것은 그다지 좋지 않다. 혼자든 누구와 함께든 술은 즐겁고 맛있게 마시는 것이 제일이다.

술꾼은 독을 모르고, 술을 전혀 못 하는 사람은 약을 모른다. 과음은 몸에 독인데, 술꾼은 마시는 것을 멈추지 못한다. 반면에 술을 못하는 사람은 술이 '백약의 으뜸'이어도 마시지 못한다.

91

나이보다 젊게 꾸민다

'나이 들었으니까', '더 이상 젊지 않으니까' 같은 이유로 멋 부리고 젊게 꾸미는 것을 포기하고 있지는 않은가? 언제까지나 젊어 보이고 싶은 것은 부끄러운 일이 아니다. 젊어지려는 관리를 노후의 즐거움으로 삼아도 좋다. 외모가 젊어지면 생기가 넘치고 면역기능도 높아진다고 주장하는 사람도 있다. 외모 관리가 노화에 제동을 거는 것이다.

나이 들면, 시간을 들여 화장하지는 않더라도 얼굴의 인상은 조금 더 신경 써보자. 눈썹만 정리해도 인상이 또렷해진다. 안색이 나빠 보이지 않도록 뺨과 입술에 혈색을 더해

주는 것도 좋다. 화장을 하지 않고 멋도 부리지 않았더니 갑자기 늙어버렸다는 사람이 있는 걸 보면, 미의식이 마음에 긴장감을 주는 것 같다. 거울에 비친 자신을 보았을 때가 외모를 가장 의식하는 순간이다. 거울을 자주 보거나 스마트폰으로 셀카를 찍으면 미의식이 높아질 것이다.

또, 노화로 인한 주름은 신경 쓰지 말자고 마음먹는 것도 좋지만, 나이 들어도 간단한 미용 시술은 해도 괜찮다고 생각한다. 주름을 없앰으로써 기분이 좋아진다면 좋은 방법 아닐까. 외모는 마음가짐을 밝게 한다. 마음을 젊게 만드는 것은 본인 하기에 달렸다. 나이 들어도 늙고 싶지는 않고 언제나 아름다운 외모를 갖고 싶은 사람이라면, 나이에 얽매이지 말고 꾸준히 관리하고 신경 쓰자.

얼굴과 몸매에 신경 쓰면 여자는 20년 젊어질 수 있다.
—마를레네 디트리히(영화배우)
단, 살아온 인생은 어떤 방법으로도 꾸미거나 매만져 바꿀 수 없다.

92

네일아트나
새로운 패션을 즐긴다

젊을 때는 멋 부리는 걸 즐겼는데, 이제는 나잇값을 해야 한다는 생각에 무난하게 입거나 네일아트 같은 멋 부리기도 멀리하고 있지는 않은가? 또, 항상 수수한 옷만 입어서 멋 부리는 즐거움을 잊어버리지 않았는가? 60세 정도 되면 패션스타일링이 확고해진 사람도 있겠지만, 때로는 '나이답지 않은' 멋 부리기를 즐겨보는 것은 어떨까.

집안일할 때 거추장스럽다고 손톱에 매니큐어를 칠해본 적이 없는 사람이라면 엄마나 아내라는 역할에서 해방된 지금, 네일아트를 받아보자. 나이 들면 얼굴과 목뿐 아니라

손에도 주름과 검버섯이 늘어 노화가 눈에 띄는데, 네일아트를 받으면 젊고 아름답게 보일 수 있다. 매니큐어 색깔에 따라 칙칙한 피부를 보완할 수도 있고, 손톱을 꾸미는 것만으로도 기분이 좋아진다.

또, 중장년을 위한 잡지가 아니라 젊은 세대가 보는 패션 잡지를 참고해 옷과 장신구를 꾸며보는 것도 좋은 방법이다. 젊은 외모를 의식하면 신선한 기분이 들어 뇌도 젊어진다. 평소에는 입지 않는 색깔의 옷을 입어보는 것도 좋은데, 그럴 용기가 없다면 옷가게에서 입어보기라도 해보자. 익숙하지 않아 위화감이 들 수도 있고 신선하게 느껴질 수도 있을 텐데, 그런 새로운 경험이 뇌에 좋은 자극이 된다. 네일아트든 패션이든 새로운 체험을 하는 것은 몸도 마음도 젊게 만들어준다.

신은 디테일에 있다. —루드비히 미스 반 데어로에(건축가)
세부 사항까지 신경 쓰며 관리하는 것은 중요하다. 손톱 하나에 미의식이 드러날 수 있다. 나이 들어도 아름다움을 잊지 말자.

93

먹지 않는 다이어트는
하지 않는다

살찐 것도 아닌데 더 날씬해지려고 다이어트한다는 사람이 간혹 있다. 정말 살을 빼야 할 필요가 있을까? 나이 들면 근육량이 감소해 기초대사량이 떨어지기 때문에 대개 체중이 증가한다. 체중 때문에 식사량을 줄이면 필요한 에너지와 영양소가 부족해진다. 또, 무리한 감량으로 골다공증이 진행되거나 혈액순환이 나빠져 몸이 쉽게 차가워지면, 면역력이 저하되어 감기에 걸리기 쉽고, 암에도 걸리기 쉽다. 나이 들수록 안이하게 다이어트를 하면 안 되는 이유다.

젊을 때부터 '마른 몸'을 동경한 사람은 체형과 체중을 의식해 식사량이 적거나 지나치다 싶을 만큼 운동을 한다. 그러나 나이 들어서도 그런 생활 습관을 유지하면 몸이 너무 말라버린다. 지나치게 마른 몸은 에너지와 영양이 부족하다는 증거다. 참고로 비만 판정에 간편하게 사용되는 체질량지수는 체중(kg)을 키(m)의 제곱으로 나눈 값인데, 정상(18.5~25 미만)을 약간 넘어서 살집이 조금 있는 편이 장수한다는 통계 자료도 있다.

식사량을 제한하면 에너지가 부족해 몸을 움직이는 것이 힘들어지고, 그러면 근력이 저하한다. 또, 운동 후에는 세포가 회복하도록 휴식을 취해야 하는데, 지나치게 운동을 많이 하면 세포가 충분히 휴식을 취하지 못해 근육이 가늘어진다. 그러면 근육량이 감소해 기초대사량이 저하하는 악순환이 시작된다. '건강한 몸=마른 몸'이 아니다. 먹지 않는 다이어트는 절대 하지 말자.

노인의 냉수욕

나이 든 사람이 자기 나이를 생각하지 않고 냉수욕을 하는 것처럼, 무리해서 위험하거나 무모한 행동을 한다는 뜻이다. 지나친 다이어트는 건강을 해칠 수 있으니 주의하자.

94

염분과 당분을
지나치게 자제하지 않는다

평소 염분과 당분에 신경 쓰는 사람이 많은데, 나는 지나치게 자제하는 것이 걱정된다. 고혈압인 사람은 병원에서 염분을 되도록 자제하라는 말을 듣곤 한다. 또, '칼로리 제로'인 저탄수화물 다이어트 상품이 유행하면서 '당질 제한'이 건강에 좋다는 인식이 정착되었다. 환자도 아닌데 염분 섭취를 줄이거나 당질을 아예 끊는 사람도 있다.

지나치게 염분을 섭취하면 고혈압에 걸릴 위험이 있지만, 나이 들면 신장이 염분을 저장해두는 능력이 떨어지기 때문에 쉽게 '과섭취' 상태가 되지는 않는다. 오히려 염분

부족으로 저나트륨혈증(혈액 내 나트륨 성분이 정상보다 낮은 상태)을 일으키기 쉽다. 또, 혈압이 높은 것과 건강 사이에 관련성이 있는지 어떤지는 아직까지 정확히 알지 못한다.

또, 당분을 지나치게 자제하면, 당뇨병보다 오히려 저혈당으로 몸에 무리를 줄 위험이 있다. 물론 반대로 말하는 의사도 있다. 그러나 나는 당뇨병 환자는 치매에 쉽게 걸리지 않는다고 생각한다.

저나트륨혈증을 일으키거나 혈당 수치가 너무 낮으면 의식이 흐려져 사고를 당할 수 있고, 뭔가를 하려는 의욕을 상실할 수 있다. 또, 담백한 식사만 하면 먹는 즐거움이 사라진다. 먹고 싶은 것은 몸이 원하는 것이므로, 짭짤하고 달달한 음식을 간식으로 먹는 것도 찬성이다. 염분과 당분을 너무 자제하지 말고, 먹고 싶은 것은 맘껏 먹자.

된장의 의사 죽이기
된장을 먹어서 건강을 유지하면 의사를 찾을 필요가 없으므로 의사가 곤란해진다는 뜻이다. 된장이 혈압을 낮추고 염분을 배출한다는 사실이 최근 연구로 밝혀졌다.

95

지나친 운동은 몸에 해롭다

몸을 움직이는 것은 건강에 좋기 때문에 운동을 하면 수명이 늘어난다. 단, 스포츠든 근력운동이든 지나치게 하지 않도록 주의하자. 괜히 다치기라도 하면 본전도 못 찾는 상황이 되기 때문이다. 또, 달리기처럼 몸에 큰 부담을 주는 유산소운동이나 과도한 근력운동은 세포에 손상을 입힐 위험이 있기 때문에 지나치게 하면 오히려 노화를 앞당기기도 한다.

그렇다면 '적당한' 운동이란 어느 정도의 운동을 말하는 걸까? 일본 후생노동성이 발표한 「건강한 몸을 만들기 위한 신체 활동과 운동 가이드」의 '고령자 편' 중 일부를 예로 들어보면 다음과 같다.

- 개인차를 고려해 신체 활동이나 운동은 강도와 양을 조절해서 가능한 것부터 시작한다.
- 지금보다 조금이라도 많이 몸을 움직인다.
- 주 3일 이상 근력, 균형감각, 유연성 등 여러 요소를 단련할 수 있는 운동을 한다.
- 주 2~3일 근력운동을 한다.

'지금보다 조금이라도 많이 몸을 움직이는 정도'라면 무리해서 목표를 설정하지 않아도 된다. 예를 들어 걷기 운동도 '하루 8천 보'라고 정해놓지 않아도 된다. 라디오방송에서 하는 체조나 일반적인 스트레칭은 매일 해도 몸에 과도한 부담을 주지 않는다.

운동능력과 근육량은 사람마다 다르기 때문에 과격한 운동은 되도록 하지 않는 것이 좋다. 무리하면 스트레스가 될 뿐이다. 또, '의욕의 원천'으로 여겨지는 남성호르몬인 테스토스테론은 적당한 운동을 하면 분비량이 증가하지만, 과

격한 운동 직후에는 감소한다. 자신의 몸에 맞게 '적당히'
움직이도록 하자.

'녹슬지 않는 몸'을 만든다

노화를 늦추려면 되도록 몸의 산화를 막아 '녹슬지 않는 몸'을 만들어야 한다. 몸이 녹슨다는 것은 세포가 활성산소로 인해 산화해서 염증을 일으킨다는 것이다. 몸을 녹슬지 않게 하는 항산화기능은 나이 들수록 저하하기 때문에 우리 몸에는 점점 활성산소가 증가하게 되어 있다. 몸의 산화를 완전히 막기는 어려우며, 이는 동맥경화나 암의 원인이 되기도 한다.

몸이 산화하는 것을 막으려면 항산화작용이 있는 식품을 꾸준히 섭취해 세포의 염증을 최소한으로 억제하고, 염증이 생겼을 때 최대한 빠르게 회복할 수 있는 몸을 만들어야 한다. 다음에 소개하는 다양한 식품들이 우리 몸에 매우 도움이 된다.

- 항산화 비타민이 많이 들어 있는 식품(예)
  - 비타민 A: 당근, 토마토, 시금치, 피망, 완두콩
  - 비타민 C: 파프리카, 브로콜리, 감자, 키위, 딸기, 감귤류
  - 비타민 E: 씨열매(깨·아몬드 등), 호박, 아보카도, 뱀장어

- 폴리페놀이 많이 들어 있는 식품(예)
  - 카카오폴리페놀: 카카오 함량이 높은 초콜릿, 코코아
  - 루테인: 셀러리, 순무 잎, 옥수수, 아보카도, 멜론
  - 퀘르세틴: 양파, 아스파라거스, 양상추
  - 안토시아닌: 사과, 피망, 푸룬(서양자두), 베리류, 감

또, 폴리페놀(식물에서 발견되는 화합물의 일종으로, 항산화효과가 있다)이 풍부한 와인도 몸에 좋다. 카로티노이드류(토마토, 당근 등의 식물류와 초식동물에 분포되어 있는 카로틴과 유사한 색소의 총칭)가 함유된 진한 색깔의 녹황색 채소는 날것으로

먹어서 채소에 포함된 효소도 같이 섭취하면 좋다. 먹을거
리에 신경 써서 '녹슬지 않는 몸'을 만들자.

의학의 아버지로 불리는 히포크라테스의 말처럼 '음식'으
로 자기치유력을 높이는 것이 중요하다.

건강 정보는
비판적으로 판단해서 받아들인다

　신문, TV, 인터넷 등을 통해 다양한 정보를 쉽게 얻을 수 있게 되면서 정확한 정보를 가려내는 힘과 그것을 활용하는 능력인 '리터러시(literacy)'가 필요해졌다. 근래에는 코로나19와 관련된 건강 정보로 혼란스러웠던 사람이 많았을 텐데, 건강 리터러시(health literacy)가 높은 사람일수록 올바른 감염예방 행동을 취할 수 있었다고 한다.

　신뢰할 수 있는 정보인지 아닌지 가려내려면 다음의 5가지가 좋은 힌트가 된다. 이는 건강 리터러시를 향상시키는 간호정보학 연구자이자 세이로카국제대학교의 교수인 나

카야마 가즈히로 선생이 처음 소개한 것이다.

- 글로 쓴 것은 누구인가? 발신자는 누구인가? (정보의 발신자를 신뢰할 수 있는지의 여부)
- 다른 정보와 비교했나? (다른 정보원도 확인했는지의 여부)
- 정보원(근거)은 무엇인가? (정보원으로서 출처 제시 여부)
- 무엇을 위한 정보인가? (상업적 선전이나 개인적인 목적으로 쓰인 것인지의 여부)
- 언제 쓰인 정보인가? (작성 시각과 업데이트 시각이 표시되어 있는지의 여부)

정보를 그대로 받아들이지 않고 이처럼 비판적으로 음미하며 활용해야 한다. 정확히 읽고 바르게 이해하는 것이 생각보다 쉽지는 않지만, 잘못된 정보에 속지 않도록 정보를 가려내는 힘과 활용하는 능력을 키우자.

빠르게 걷기로 건강수명을 늘린다

날이 갈수록 기대수명이 길어지고 있는 것을 감안하면, 당신도 당연히 장수할 가능성이 크다(2025년 7월 30일 보건복지부가 발표한 「OECD 보건 통계 2025」를 참고하면 한국인의 기대수명은 83.5세이다—옮긴이). 100세 가까이 산다면 언젠가는 누워 지내는 게 아닐까 걱정될 텐데, 장래를 생각하면서 불안해하기보다는 지금부터 건강수명(기대수명에서 질병 또는 장애를 가진 기간을 제외한, 신체적으로나 정신적으로 특별한 이상 없이 생활하는 기간을 일컫는다)을 늘리는 노력을 하자.

건강 정보 중에는 돌봄이 필요하거나 노화로 인한 심신

쇠약 상태가 되지 않도록 권장하는 방법이 많은데, 걷기운동을 해서 건강수명을 늘리는 것은 어떨까? 건강 유지를 위해 걸을 때 중요한 것은 다름 아닌 '속도'다. 걷는 속도를 빠르게 하는 것이 효과적이기 때문이다. 그렇게 하려면 평소보다 1센티미터라도 보폭을 넓혀서 걷는 것이 좋다. 조금이라도 보폭이 넓어지면 저절로 걷는 속도가 빨라진다.

우선 그 정도부터 시작해보고, 근력이 붙으면 차츰 넓혀서 지금보다 5센티미터까지 보폭을 늘려보자. 단, 황새걸음처럼 너무 보폭이 넓으면 다리와 허리가 아플 수 있으니 주의하도록 하자. 뼈에 적당한 자극이 전해지도록 빠르게 걷는 것이 효과적인데, 그렇게 할 수 있는 사람이라면 무리하지 않는 범위 내에서 가볍게 숨이 찰 정도의 빠르기로 걸어보자.

보폭이 좁으면 치매에 걸릴 위험이 높아진다고 하니, 평소에 보폭을 넓혀서 걷도록 하자. 여성의 경우에는 나이 들수록 특히 골다공증에 걸릴 위험이 높고, 근력도 떨어지기 쉽다. 허리나 다리를 다쳐 2주 정도 누워서 지내게 되면 1년 치 근육량이 손실된다고 하니 빠르게 걸을 때는 특히 조심하도록 하자(나이 들수록 근육량은 자연적으로 감소하는데, 50세

이후에는 매년 1~2%씩 줄어든다—옮긴이). 평생 걸을 수 있는
몸을 만들어서 건강하게 장수하자.

모발도 피부처럼 관리한다

흰머리, 탈모 등 노화로 인한 모발 변화나 문제에는 개인 차가 있다. 40~50대가 되면 머리카락이 가늘어진다, 숱이 적어진다, 탄력이 떨어진다 등 모발에 관한 고민도 제각각이다. 여성의 갱년기는 몸의 상태와 정신 건강에 영향을 주기 쉽고, 정년이나 자녀의 독립 같은 삶의 변화도 있어서 모발 관련 문제가 일어나기 쉽다.

평소 모발 관리를 제대로 하고 있는지 확인해보자. 다음과 같은 습관은 모발 손상의 원인이 될 수 있으니 가능한 한 삼가는 것이 좋다.

- 머리를 감을 때나 수건으로 닦을 때 머리카락을 문지른다.

- 머리를 감은 후 젖은 상태로 방치하거나 젖은 머리를 빗질한다.

- 드라이어를 머리에 가까이 대고 사용한다.

- 항상 같은 곳에 가르마를 탄다.

- 멋내기 염색이나 흰머리 염색을 직접 한다.

또, 모발 상태와 두피는 관련이 있어서 두피 관리도 빼놓지 말아야 한다. 머리를 감을 때는 손끝으로 두피를 마사지하듯 비벼주고, 깨끗이 헹군다.

건강한 모발과 두피를 유지하는 비결은 빗질에 있다. 자신의 모질에 적합한 정전기 방지 브러시를 사용해 1회에 최소 1분 이상, 매일 2~3회씩 위에서 아래로 부드럽게 빗는다. 이렇게 모발도 피부처럼 관리하면 건강한 상태를 유지할 수 있다.

첫째 모발, 둘째 화장, 셋째 의상.
여성을 아름다워 보이게 하는 것은 아름다운 헤어스타일이 첫 번째이며, 이것은 화장과 의상보다 중요하다.

늘 웃으며 산다

웃음은 건강 장수에 영향을 준다. 이는 의학적으로 증명된 사실이다. 웃으면 전두엽과 세포가 활성화되고, 면역력이 높아지는 등 몸과 마음에 좋은 효과가 있다. 평소 잘 웃는 사람에 비해 거의 웃지 않는 사람의 인지 기능은 2배 이상 낮다고 한다.

웃을 때는 몸의 여러 근육을 사용한다. 웃으면 얼굴의 표정근이 움직이고, 폭소하거나 크게 웃으면 복근이 떨려 운동이 되며, 노화로 약해지는 호흡근과 횡경막근도 단련된다. 또, 웃음은 구강 기능을 향상시켜서 음식을 삼켜 넘기는 연하 기능 유지에 도움이 된다.

웃음은 전염된다. 주위 사람을 따라 웃어본 적이 다들 있을 것이다. 예를 들어 라이브 개그 쇼에 가면 많은 사람이 웃는다. 사람들과 함께 웃으면 신기하게 더 즐거워져서 웃음이 가져다주는 효과를 실감할 수 있다. TV 프로그램이나 코미디 영화를 보며 혼자 웃는 것도 좋지만, 공연장이나 영화관에 가서 사람들과 웃음을 공유해보자. 재미있는 이야깃거리를 가족과 친구에게 말하며 같이 웃는 것도 좋다.

"행복해서 웃는 것이 아니라 웃으니까 행복해진다"는 말은 진실이다. 뇌에서 분비되는 행복 호르몬인 엔도르핀은 웃을 때 분비된다. 웃음이 몸과 마음에 좋은 효과를 주는 것이다. 노후에는 웃음이 끊이지 않는 일상을 살자.

소문만복래(笑門萬福來)

'웃으면 복이 온다'는 뜻이다. 웃음은 밝은 미래를 가져다줄 수 있다. 당신이 웃으면 주위에 웃음이 전염되고, 그렇게 웃음이 돌고 돌아서 당신에게 행복을 가져다준다.

19쪽　『原始文化』エドワード·B·タイラー/著, 松村一男/監, 奥山倫明ほか/訳(国書刊行会)

21쪽　『アルフレッド·アドラー人生に革命が起きる100の言葉』小倉広/解説(ダイヤモンド社)

23쪽　『田部井淳子の人生は8合目からがおもしろい』田部井淳子/著(主婦と生活社)

25쪽　『新編 山頭火全集7』種田山頭火/著(春陽堂書店)

27쪽　文化遺産オンライン ―「坂本龍馬 關係資料 詠草二和歌」(文化廳)

29쪽　『大隈重信関係文書5』早稲田大学大学史資料センター/編(みすず書房)

31쪽　『デジタル大辭泉』(小学館)

39쪽　『老いを愉しむ言葉― 心の専門医がすすめる一言』保坂隆/編·著(朝日新聞出版)

41쪽　『人生に役立つ名言大全』秋月三郎/著(成美堂出版)

43쪽　『心に太陽を持て』山本有三/編(新潮社)

61쪽　『心配するな 工夫せよ ―岩切章太郎翁半生を語る』岩切章太郎/著, 杉谷昭人/編·構成(鉱脈社)

70쪽　『ココ·シャネル 孤独の流儀』髙野てるみ/著(エムディエヌコーポレーション)

79쪽　クライス&カンパニーオフィシャルサイト―「プロフェッショナルのターニングポイント(VOL.16: 山崎直子氏/宇宙飛行士)」

85쪽　『トルストイ全集3― 初期作品集(下)』トルストイ/著, 中村白葉/譯(河出書房新社)

87쪽　『シェイクスピア全集3―マクベス』シェイクスピア/著, 松岡 和子/譯(筑摩書房)

93쪽　『一切なりゆき― 樹木希林のことば』樹木希林/著(文藝春秋)

97쪽　『1440分の使い方― 成功者たちの時間管理15の秘訣』ケビン·クルーズ/著, 木村千里/譯(パンローリング)

99쪽　『ビジネスマンの父より息子への30通の手紙』キングスレイ·ウォード/著, 城山三郎/譯(新潮社)

101쪽　『インスタントラーメン発明王安藤百福かく語りき』安藤百福/著(中央公論新社)

105쪽　『時代を予見する』J. B. シンプソン/著, 隈部まち子/譯(講談社)

113쪽　『牧野富太郎と、山』牧野富太郎/著(山と渓谷社)

119쪽　「男の隠れ家」デジタル―「旅中に思い返したい著名人の名言7選」(三榮)

136쪽　『吉田絃二郎全集 第3巻』吉田絃二郎/著(新潮社)

138쪽　「思則有備」―「先人たちの防災格言(今週の防災格言587)」(思則有備制作委員會)

142쪽　致知出版社オフィシャルサイト―「名言·格言に学ぶ人間學(森信三の名言)」

144쪽　『ありがとう神様』小林正観/著(ダイヤモンド社)

146쪽　『おかげさん』相田みつを/著(ダイヤモンド社)

150쪽　『「学び」を「お金」に変える技術』井上裕之/著(かんき出版)

152쪽　薬師寺オフィシャルサイト― 私の感自在― 管主/加藤朝胤

157쪽　『幸福について』ショーペンハウアー/原作, Teamバンミカス·伊佐義勇/著(講
　　　　談社)

159쪽　『Dictionary of Proverbs』GrenvilleKleiser/著(APH Publishing Corporation)

178쪽　『地球時代の文化論―文化とコミットメント』マーガレット·ミード/著, 太田和
　　　　子/譯(東京大学出版会)

182쪽　『朝読むと元気をくれる56の言葉』西沢泰生/著(エムディエヌコーポレーション)

184쪽　『成功を呼ぶ「口ぐせ」の科学』佐藤富雄/著(宝島社)

187쪽　『人間は自分が考えているような人間になる』アール·ナイチンゲール/著, 田中
　　　　孝顕/譯

189쪽　『西洋古典名言名句集』西洋古典叢書編集部/編(京都大學學術出版會)

193쪽　天臺宗オフィシャルサイト ―「法話集(No.134「祈りの道」)」

195쪽　『ビジネスに効く 英語の名言名句集』森山進/著(研究社)

210쪽　『日本語を使いさばく 名言名句の辞典』現代言語研究会/著(あすとろ出版)

216쪽　『ファムファッション―輝く女優たちの装い』Banana Boat Crew/編(二見書房)

218쪽　『教養としての世界の名言365』佐藤優/監(宝島社)

227쪽　國立七大學の總合情報誌「NU7(national university seven)」(2023/7)No.48(學
　　　　士會)

230쪽　『日本語を使いさばく 名言名句の辞典』現代言語研究会/著(あすとろ出版)

232쪽　『ジョルジュ·サンド1804-76 ― 自由、愛、そして自然』持田明子/著(藤原書店)

『くり返し読みたい禅語』武山廣道/監(リベラル社)

『ちびまる子ちゃんの続ことわざ教室』時田昌瑞/著(集英社)

『ほっとする禅語70』渡会正純/監, 石飛博光/著(二玄社)

『もっとくり返し読みたい禅語』武山廣道/監(リベラル社)

이외에도 다수의 잡지와 웹사이트를 참고하였다.